# 기술의 역사

떼석기에서 유전자 재조합까지

# 차례

Contents

# 기술과 기술사

## 기술이란 무엇인가

기술(technology)의 어원은 그리스어인 '테크네(techne)'다. 테크네는 인간 정신의 외적인 것을 생산하기 위한 실천을 뜻한다. 옛날에는 과학을 인간 정신의 일부로 생각했던 반면 기술은 인간 정신의 밖에 있는 것으로 간주했던 것이다. 테크네는 오늘날의 기술 이외에도 예술과 의술을 포함한 넓은 의미를 가졌다. 19세기를 전후해 인류가 산업화를 경험하면서 기술의 의미는 오늘날과 같이 물질적 재화를 생산하는 것으로 구체화됐다. 기술의 개념을 정확하게 규정하기는 매우 어렵지만 다음의 세 가지 측면은 기술을 구성하는 필수적인 요소라 할 수 있다.

기술이라고 하면 우리는 무엇을 연상하는가? 아마도 전화, 자동차, 컴퓨터, 반도체 등을 떠올릴 것이다. 여기에 기술의 첫 번째 측면인 '인공물로서의 기술(technology as artifact)'이 있다. 인공물을 풀이하면 '인공적 물체'라는 뜻이다. 우선, 기술은 인간의 감각으로 느낄 수 있는 물리적 실체다. 눈으로 볼 수 없고 손으로 만질 수 없는 것을 기술이라 하는 사람은 거의 없다. 또한 기술은 인공적으로 만들어진 것이다. 우리가 천연고무를 기술이라 하지 않지만 그 고무를 가지고 만든 타이어를 기술이라 간주하는 것도 이러한 까닭이다.

인공물로서의 기술에도 여러 차원이 존재한다. 기술은 간단한 구성 요소에서 복잡한 시스템에 이르는 다양한 형태를 보인다. 예를 들어 타이어는 그 자체로 독자적인 기술이지만 자동차라는 기술의 부분품으로도 활용된다. 또한 개별적인 기술이 있는 반면 여러 기술을 포괄하는 경우도 있다. 후자와 관련된 대표적인 범주로는 도구와 기계가 있다. 도구의 경우에는 생물체가 동력원이 되고 인간이 중심이 되지만 기계의 경우에는 인공적인 동력을 사용하고 인간이 기계에 종속될 수 있다.

타이어는 그 자체로 독자적인 기술이지만
자동차라는 기술의 부분품으로도 활용된다.

기술의 두 번째 측면

으로는 '지식으로서의 기술(technology as knowledge)'을 들 수 있다. 기술이란 단어에 논리를 뜻하는 'logy'가 붙어 있듯이, 인공물을 만들고 사용하는 데에도 특정한 논리와 지식이 요구되는 것이다. 기술의 이러한 측면은 오랫동안 낮게 평가돼 왔다. 옛날 기술자들은 논문을 발표하기는커녕 자신의 활동을 기록하지도 않았기 때문이다. 이보다 더욱 중요한 이유는 기술지식은 말이나 글로 표현하기 어렵고 사람들 사이의 접촉을 통해 전수되는 암묵적 성격이 강하다는 점에서 찾을 수 있다. 또한 기술지식은 문자 이외에도 그림이나 설계도와 같은 시각적 형태를 통해 표현되는 경우가 많다.

기술지식의 근대적인 형태는 공학(engineering)이다. 과학이 기술에 응용됨으로써 공학이 출현했다는 견해도 있지만 실제적인 과정은 그렇게 간단하지 않다. 공학은 과학을 중요한 모델 중의 하나로 삼았지만 과학이 그대로 적용된 것은 아니었다. 예를 들어 구조물에 대한 공학은 단순한 힘(force)이 아니라 단위면적에 작용하는 힘을 뜻하는 응력(stress)에 입각하고 있다. 과학에서의 힘이 공학에서는 응력으로 변형된 것이다. 사실상 공학이 출현하는 과정에서는 기존의 지식을 실제 상황에 적합하도록 변형하고 체계화하려는 기술자들의 적극적인 실천이 중요하게 작용했다.

여기서 기술의 세 번째 측면인 '활동으로서의 기술(technology as activity)'을 거론할 수 있다. 모든 활동이 그렇듯이 기술도 사람이 하는 일이다. 기술에는 그것을 만든 사람들과 활용하는 사람들의 활동이 녹아 있다. 기술자의 부단한 활동이 없었더라면 오늘날과 같이 풍부한 기술의 세계는 존재하지 않았을 것이다. 이처럼 기술에는 그것을 만든 사람의 고민과 노력이 배어 있다. 또한 아무리 좋은 기술이 있어도 널리 사용되지 않는다면 그 의미는 크게 줄어든다. 컴퓨터를 사다 놓고 한 번도 사용하지 않는다면 그것은 고철 덩어리에 불과한 것이다. 최근에는 기술을 활용하는 사람이 새로운 기술혁신에 대한 아이디어를 제공하는 경우도 많아지고 있다.

기술자는 매우 이질적인 사람으로 구성돼 있다. 역사상 기술자를 대표하는 집단은 장인(artisan), 발명가(inventor), 엔지니어(engineer) 등으로 변화해 왔다. 18세기까지 기술자는 장인의 성격을 띠었고 그들은 기술은 물론 예술을 비롯한 다른 활동을 함께 하는 경우가 많았다. 19세기 이후에는 발명을 전업(專業)으로 삼은 전문가 집단이 출현했고 그들은 자신의 발명을 바탕으로 많은 기업을 설립하기도 했다. 전자의 대표적인 예로는 다빈치(Leonardo da Vinci, 1452~1519)를, 후자의 대표적인 예로는 에디슨(Thomas A. Edison, 1847~1931)을 들 수 있다. 오늘날의 기술자를 대표하는 집은 엔지니어로서 그들은 대부분 고등교육을 받고 기술에 대한 연구·개발·관리 등을 담당하고 있다.

이러한 논의를 기술이전의 문제에 적용해 보면 흥미로운 점을 발견할 수 있다. 예를 들어 후발국이 선진국의 자동차 기술을 배우는 과정을 생각해 보자. 완성된 자동차를 도입해 그것을 분해하고 해석함으로써 기술을 익힐 수 있다. 이 경우는 인공물의 도입으로 기술이전이 끝난다. 자동차에 대한 지식과 기술자가 확보돼 있기 때문이다. 그러나 그것으로 부족할 경우에는 매뉴얼이나 설계도 등을 통해 자동차에 대한 지식이 이전돼야 한다. 그래도 기술을 익힐 수 없는 경우에는 선진국의 기술자를 활용하거나 영입해야 한다. 이와 같이 기술이전은 인공물의 단계에서 완결될 수도 있지만 그렇지 못한 경우에는 지식의 단계나 사람의 단계에서 종료되는 것이다.

이처럼 기술은 인공물·지식·활동의 세 가지 측면을 가지고 있다. 기술의 이러한 측면 이외에 다른 측면을 강조하는 경우도 있다. 어떤 사람은 기술의 본질을 의사소통에서 찾고 다른 사람은 경영을 강조하며 또 다른 사람은 기술의 문화적 차원에 주목한다. 기술의 개념은 다양한 방식으로 확장될 수 있지만 적어도 앞서 언급한 세 가지 측면은 기술을 구성하는 필수적인 요소라 할 수 있겠다.

## 기술사의 흐름

역사(history)가 무엇인지에 대해서도 다양한 의견이 있지만, 어원적으로는 '사람들의 이야기'를 뜻한다. 역사는 당시의 사람들이 살아가고 생각하고 느낀 것들에서 출발한다. 또한 역사는 흔히 강물의 흐름에 비유되고 있다. 조그마한 사실들이 숱한 우여곡절을 거치면서 커다란 흐름을 형성하는 것이다. 따라서 역사학은 사람과 흐름이 잘 나타나는 주제를 선정해

서술하는 것을 매우 중요하게 여긴다.

　이와 함께 역사적 접근은 필연성보다 '상황적합성(contingency)'에 주목한다. 지금은 자연스럽게 보이는 것도 알고 보면 숱한 우여곡절을 거쳐 변화해 왔다. 예를 들어 지금은 노예제도를 비(非)인간적인 것으로 생각하지만 옛날에는 그렇지 않은 경우도 많았다. 이러한 점에서 역사학은 특정한 사실을 당시의 맥락에서 이해하는 것을 출발점으로 삼는다. 그것을 거꾸로 해석하면 우리가 살고 있는 세상이 반드시 지금처럼 존재해야 하는 것도 아니다. 지금과 다른 가능성을 생각하는 것은 '역사학적 상상력'으로 이어질 수 있다.

　기술사는 기술을 대상으로 하는 역사다. 기술사에서 자주 사용하는 기술과 관련된 개념으로는 기술개발(technological development), 기술혁신(technological innovation), 기술변화(technological change), 기술진보(technological progress) 등이 있다. 기술개발은 새로운 기술의 창출에 주목하는 개념이다. 기술혁신이란 용어는 기술개발과 대비되면서 출현했다. 예를 들어 혁신을 이론적으로 개념화한 슘페터(Joseph Schumpeter, 1883~1950)는 발명이 새로운 기술의 출현을 뜻한다면, 혁신이 기술의 상업화를 의미하는 것으로 규정했다. 그러나 이것은 좁은 의미의 기술혁신에 해당하고, 통상적 의미의 기술혁신은 기술의 개발과 상업화를 포괄하는 개념이라 할 수 있다. 기술개발과 기술혁신이 개별적인 사건에 주목하는 경향이 있는 반면, 기술변화는 주로 기술의 거시적 흐름을 표현할 때 사용된다. 기술변화에는 특정한 방

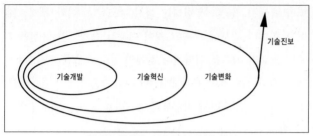

기술개발·기술혁신·기술변화·기술진보의 개념도.

향성이 없지만, 기술진보는 기술이 점점 더 좋은 방향으로 발전한다는 점을 의미한다.

처음에 기술사 연구는 엔지니어, 과학사학자, 경제사학자 등에 의해 이루어져 왔다. 엔지니어 출신의 연구자들은 자신이 속한 분야의 기술에 초점을 두어 왔으며 오늘날의 관점에서 기술의 역사를 서술하려는 경향을 보였다. 이에 따라 과거의 기술에서 현재의 기술과 공통된 요소만을 찾게 되고 현재에 받아들여지지 않는 과거의 기술은 무시되는 경우가 많았다. 한편, 초기의 과학사학자들은 대부분 기술이 과학을 단순히 응용한 것으로 간주해 왔으며, 경제사학자들은 기술이 시장의 수요에 따라 변화한다는 점에 주목해 왔다. 필요가 발명의 어머니였다면 과학은 기술의 아버지였던 셈이다.

그러나 기술사 연구의 성과가 점차적으로 축적되고 전문적인 기술사학자 집단이 형성됨에 따라 기존의 관점은 상당한 비판을 받았다. 무엇보다도 과거의 기술이 오늘날의 기술을 향해 발전해 오는 것은 아니며 기술의 변화를 당대의 사회적 맥락 속에서 접근해야 한다는 점이 강조됐다. 이와 함께 기술이 과학이나 경제에 종속된 것이 아니라 독자적인 특징을 가지며 오히려 기술은 과학이나 경제의 일정 요소를 활용함으로써 변화한다는 점이 부각됐다. 이처럼 기술사가 점점 독립적인 분야로 형성되면서 기술사의 접근법과 주제도 매우 다변화돼 왔다.

기술사의 접근법은 내적 접근법(internal approach), 맥락 접근법(contextual approach), 외적 접근법(external approach)으로 구분되고 있다. 내적 접근법은 기술의 내용에 중점을 두면서 발명가의 창조적 능력을 중시하고 있고, 맥락 접근법은 기술의 내용과 사회적 환경을 동시에 고려하면서 양자 간의 상호작용에 주목하고 있으며, 외적 접근법은 기술의 내용보다는 기술자의 활동이나 기술과 관련된 제도에 중점을 두는 경향을 가지고 있다. 물론 이러한 접근법은 나름대로의 장점과 단점을 가지고 있으므로 연구의 주제에 따라 적합한 접근법을 활용하는 것이 필요하다.

기술사 연구가 진척되면서 이와 같은 접근법에 대한 선호도도 변화해 왔다. 내적 접근법은 점점 세력을 잃어 가고 있는 반면, 맥락 접근법은 지배적인 연구 경향으로 부상했고, 외적 접근법도 점차 세력을 형성하고 있는 것이다. 내적 접근법에 입각한 기술사 총서로는 싱거(Charles Singer)와 윌리엄스(Trevor I. Williams) 등이 편집한 『기술의 역사(History of Technology, 1954~1958)』를 들 수 있으며, 맥락 접근법의 주창하고 있는 기술사

총서로는 크란츠버그(Melvin Kranzberg)와 퍼셀(Carroll W. Pursell)이 편집한 『서양 문명에서의 기술(Technology in Western Civilization, 1967)』이 있다.

기술사의 접근법과 관련해 크란츠버그는 다음과 같은 6가지 법칙을 제안한 바 있다. 첫째, 기술은 선하지도 악하지도 않으며 중립적이지도 않다. 둘째, 발명은 필요의 어머니다. 셋째, 기술은 크든 작든 다발(package)로 온다. 넷째, 비록 기술이 많은 공공 이슈에서 주요한 요소인지는 모르지만, 기술정책에 대한 의사 결정에서는 비(非)기술적인 요소가 우선시된다. 다섯째, 모든 역사가 오늘날의 사회와 상관성이 있지만, 기술의 역사는 가장 상관성이 크다. 여섯째, 기술은 매우 인간적인 활동이며, 기술의 역사도 마찬가지다.

기술사 연구는 1980년대를 통해서 급속히 성장했다고 볼 수 있다. 이와 관련해 1990년에 스토덴마이어(John M. Staudenmaier)는 기술사의 연구 동향을 다음과 같은 네 가지 범주로 분류한 바 있다. 첫째는 오랫동안 기술사 분야를 지배해 왔던 주제로서 새로운 기술의 출현, 기술과 과학의 관계, 미국식 생산 체계, 전기(電氣) 등이 여기에 포함된다. 둘째는 최근에 관심이 되살아나고 있는 주제로서 군사 기술의 역사, 기술과 자본주의 등이 그 대표적인 예다. 셋째는 새로운 세대의 학자들이 개척하고 있는 주제로서 기술과 노동, 기술과 여성, 기술의 상징적 구성 등을 포괄한다. 넷째는 심각할 정도로 무시돼 왔던 주제로서 비(非)서구권의 기술, 기술과 환경 등이 거론되고 있다.

이와 같은 기술사 연구의 주제는 오늘날에도 그대로 적용될 수 있지만, 1990년대 이후에는 새로운 영역과 무시된 영역에 대한 연구가 활발히 이루어짐으로써 기술사 연구가 더욱 풍성해지고 종합화되는 경향을 보이고 있다.

최근에는 기술사 분야에서 '전통적 역사(old history)'와 '새로운 역사(new history)'에 대한 논쟁이 전개돼 왔다. 전통적 역사를 강조하는 사람들은 서구적 합리성이 점차적으로 승리해 왔으며, 기술의 변화에 따라 대체로 인류 사회가 진보해 왔다는 점에 주목하고 있다. 이에 반해 새로운 역사를 주창하는 사람들은 기술의 변화를 매개로 상당한 갈등이 유발돼 왔으며, 진보라는 개념이 지배 집단의 이데올로기로 작용해 왔다는 점을 지적하고 있다. 이와 같은 긴장이 완전히 해소되기는 어렵겠지만, 어느 정도의 공감대를 도출하는 것은 가능해 보인다. 그것은 기술의 긍정적인 측면을 극대화하고 부정적인 측면을 최소화하는 방향으로 기술의 역사와 미래를 재구성하는 데 있다.

# 전통 사회의 기술

## 기술의 기원

기술은 인간의 출현과 함께 시작됐다. 인간은 거친 자연환경 속에서 생존하기 위해 도구를 만들고 활용했던 것이다. 흔히 인류의 역사는 도구의 재질에 따라 구석기 시대, 신석기 시대, 청동기 시대, 철기 시대로 구분된다. 지역에 따라 많은 차이가 있기는 하지만 구석기 시대는 200만 년 전, 신석기 시대는 1만 년 전, 청동기 시대는 기원전 3000년경, 철기 시대는 기원전 1000년경에 시작된 것으로 평가되고 있다. 인류가 문자를 발명한 것이 기원전 3000년경으로 추측되기 때문에 구석기 시대와 신석기 시대는 선사(先史) 시대에 해당한다.

구석기 시대에 인류는 수렵과 채집을 통해 생존을 유지했고 주로 동굴에서 살았다. 채집과 달리 수렵에는 상당한 요령이 필요했으며 그것은 도구의 발전을 촉진하는 계기로 사용했다. 구석기 시대의 도구는 돌, 뼈, 나무, 흙 등으로 만들어졌는데 특히 타제석기(뗀석기)가 주요한 도구로 사용됐다. 당시에 사용된 도구에는 창, 화살, 덫, 망치, 도끼, 칼, 끌, 송곳 등이 있었다. 창, 화살, 덫 등으로 사냥을 한 후 칼로 동물의 껍질을 벗기고 고기를 나누는 식이었다. 당시의 인류는 수렵에 즈음해서 악마의 세계를 억누르고 동물의 영혼을 달래기 위한 각종 의식(儀式)을 치르기도 했다.

　구석기 시대의 중요한 기술변화 중의 하나로는 불의 발견을 들 수 있다. 당시의 사람들이 마찰에 의해서 불을 일으킨 것은 인류가 집단적으로 기술의 위력을 경험한 최초의 사건으로 평가된다. 불을 사용하게 되면서 인간은 화로를 중심으로 일정한 장소에 모이기 시작했으며 이에 따라 공동체의 형성이

인류의 문명을 탄생시킨 단초가 된 불.

더욱 촉진됐다. 또한 불을 통해 음식물을 익혀 먹음으로써 인류는 역사상 최초로 음식의 다양한 맛을 즐기기 시작했고 기생충에 감염될 확률을 줄임으로써 보다 건강한 삶을 영위할 수 있게 됐다. 더 나아가 인류는 불을 통해 열을 처리하는 방법을 익혔고 그것은 이후에 토기의 제작이나 금속의 가공과 같은 다른 기술이 발전할 수 있는 토대로 작용하기도 했다.

구석기 시대가 수렵과 채집의 시대였다면 신석기 시대는 농경과 목축의 시대였다. 약 1~2만 년 전에 빙하기가 종료되면서 인류는 새로운 자연환경을 맞이하게 됐다. 동물이 급격히 감소함에 따라 사냥감을 찾기 어려웠던 반면, 날씨가 따뜻해짐에 따라 식량을 생산할 수 있는 조건이 형성됐다. 구석기 시대에는 식량을 찾아 돌아다니는 생활이 지배적이었지만 신석기 시대부터는 한곳에 정착해 식량을 재배하는 생활 방식이 자리 잡았던 것이다. 신석기 시대에는 수많은 도구가 사용되면서 생산성이 크게 향상됐으며 잉여 식량의 증가를 배경으로 사회계층의 분화가 촉진됐다. 이러한 변화는 인류의 역사에서 '제1의 물결' 혹은 '최초의 기술혁명'으로 불리기도 한다.

신석기 시대를 통해 인류가 사용하는 도구는 더욱 정교해졌고 타제석기를 대신해 마제석기(간석기)가 널리 사용됐다. 갈린 돌도끼, 갈린 날이 붙은 갈고리, 차돌을 갈아 만든 낫 등은 그 대표적인 예다. 또한 농경의 시작과 함께 사계절에 대한 관념이 생겨났으며 식량을 보관하기 위해 다양한 형태의 토기가 만들어졌다. 흙과 벽돌을 사용해 집, 창고, 사당 등이 세워졌고 썰매나 통나무배와 같은 간단한 교통수단도 마련됐다. 당시에 인류는 실을 뽑고 천을 짜는 기구도 만들었으며 빵과 술을 만들어 먹는 방법도 익혔다. 이처럼 신석기 시대부터 인류는 의식주의 모든 측면에서 기술을 활용하기 시작했다.

기원전 3000년을 전후해 인류는 '도시 문명'의 단계로 접어들었다. 이 시기에는 청동기의 사용, 문자의 발명, 도시의 형성, 정치 조직의 탄생, 종교의 조직화 등이 동시다발적으로 이루어졌다. 도시 문명이 먼저 출현한 지역으로는 이집트의 나일 강, 메소포타미아의 티그리스 강과 유프라테스 강, 인도의 인더스 강, 중국의 황하 등을 들 수 있다. 하천 지역에서 도시 문명이 발달했다는 점에 주목하면서 제시되고 있는 가설로는 '수력 이론(hydraulic theory)'이 있다. 강물의 범람으로 광범위한 관개 작업이 필요했으며 이를 매개로 인간의 활동이 조직화되면서 도시국가가 출현했다는 것이다.

기원전 3000년경부터 인류는 청동기를 매개로 금속을 의도적으로 사용하기 시작했다. 동시에 금속의 생산과 활용에는 상당한 지식이 요구됐고 금속 가공을 담당하는 전문적인 장인 계층이 형성됐다. 청동은 모양과 크기에 제약을 받지 않는다는 장점을 가지고 있었지만 청동기가 지배적인 도구로 군림했다고 보기는 어렵다. 청동은 매우 비싼 금속이었기 때문에 그 용도가 군사용 무기, 귀족의 장식품, 종교용 기구 등에 국한돼 있었던 것이다. 철기 시대가 도래하면서 일반인들도 금속을 광범위하게 사용하기 시작했는데 철이 '대중적 금속'으로 불리는 이유도 여기에 있다.

금속 가공 이외에도 농업, 문자, 섬유, 도자기, 범선, 건축 등에서 상당한 기술적 발전이 있었다. 농업과 관련해서는 관개 기술, 음식물 저장법, 육종 기술 등이 발전했으며 문자의 기록을 위해서는 파피루스(papyrus)가 사용됐다. 실의 생산량이 증가하는 가운데 염색법이 발전됐고 '도공의 물레(potter's wheel)'를 사용해 도자기가 생산됐으며 돛과 노를 장착한 범선이 사용되기 시작했다. 이집트 문명을 상징하는 건축물은 피라미드(pyramid)다. 가장 규모가 큰 쿠푸(Khufu) 왕의 피라미드는 230만 개의 돌로 만들어졌으며 밑면이 230미터, 높이가 150미터, 무게가 500만 톤에 이른다. 피라미드는 중앙집권적인 권력이 대중을 동원함으로써 만들어졌으며 도르래, 지렛대, 경사면, 바퀴 달린 차와 같은 기구들이 사용됐다.

## 고대의 기술

고대 그리스 문명에서는 과학적 인식의 측면에서는 상당한 성취를 보였지만 기술의 경우에는 그렇지 않았다. 작물, 가축, 직물, 도자기, 야금술, 건축물, 수레, 범선 등과 같이 고대 문명에 기여한 중요한 기술적 요소들은 그 이전에 이미 존재했던 것이었다. 다만 철이 본격적으로 사용되면서 야금술이 확산됐으며 해상무역이 활발해지면서 범선의 수와 크기가 증대

했다는 등의 변화가 있었다. 고대 그리스의 발명품으로는 돌덩어리나 화살을 발사해 성을 공격하는 노포(弩砲, catapult)를 들 수 있다.

고대의 몇몇 학자들은 발명에도 상당한 재능을 보였다. 시라쿠스의 아르키메데스(Archimedes, B.C. 287~212)는 투석기와 기중기를 전쟁용 무기로 사용했으며 부력과 지렛대의 원리를 규명했고 나선형 양수기를 발명했다. 비잔틴의 필론(Philon, B.C. 300~?)은 쇠사슬 톱니바퀴를 고안하면서 기어에 대한 저작을 남겼다. 알렉산드리아의 크테시비우스(Ctesibius, B.C. 250~?)는 물시계를 개량하면서 피스톤 펌프를 발명했다. 알렉산드리아의 헤론(Heron, ?~62)은 소형 증기 기구, 풍차가 달린 풍금, 자동 성수기(聖水機), 출입문 개폐기 등을 발명했으며 『기계학』을 비롯한 다양한 저작을 통해 기존의 기술을 정리하면서 새로운 발명품을 소개하기도 했다. 고대의 기계적 기술은 '지렛대, 도르래, 나사, 바퀴와 축, 경사면과 쐐기' 등과 같은 다섯 종류의 도구로 상징된다.

로마 시대에는 토목과 건축을 중심으로 기존의 기술이 대규모로 활용됐다. '모든 길은 로마로 통한다'는 말이 있는 것처럼 로마를 중심으로 30만 킬로미터에 이르는 도로망이 건설됐다. 대부분의 도로는 자갈로 만들어졌지만 일부 도로는 시멘트로 만들어지기도 했다. 도로망의 건설과 함께 교량도 많이 세워졌는데 가르(Gard) 강의 다리는 3층으로 만들어진 것으로서 높이가 45미터, 길이가 275미터에 이르렀다. 또한 식수

로마 시대의 대표적 건축물인 콜로세움.

용 혹은 농업용 용수를 조달하기 위해 수많은 수도관이 만들어졌으며 전체 길이는 458킬로미터에 달했다. 44~55년에는 푸치노(Fucino) 호의 물을 활용하기 위해서 3만 명이 동원돼 6킬로미터에 달하는 터널 공사가 전개되기도 했다.

로마의 중심부에는 아치, 둥근 천장, 돔과 같은 방식이 사용된 대형 건물이 세워졌다. 로마 시대를 대표하는 건축물로는 '판테온(Pantheon) 신전'과 '콜로세움(Colosseum)'을 들 수 있다. 모든 신의 전당을 의미하는 판테온 신전은 높이가 43.3미터에 이르렀으며 원형 경기장인 콜로세움은 9만 명을 수용할 수 있었다. 로마 시대에는 대형 목욕탕도 건설됐는데 열수탕과 열기탕을 보유했으며 유리로 장식된 둥근 천장을 가지고 있었다. 이와 같은 대형 건물을 만드는 데에는 수많은 노예들이 동원됐고 도르래가 붙은 기중기가 널리 사용됐다.

로마 시대에는 부분적이긴 했지만 수차도 사용되기 시작했다. 비트루비우스(Pollio Vitruvius, B.C. 75~26)는 『건축에 대하여』

에서 도로, 교량, 수도, 건물 등의 제작에 필요한 기술을 집대성하면서 수평 굴대와 맷돌을 가진 바퀴를 사용하는 수차에 대해 상세히 기록했다. 그러나 고대의 수차는 하사식(下斜式)을 기본으로 삼고 있었기 때문에 물 사정이 좋은 지역에서만 사용되는 것으로 그쳤다. 게다가 노예의 근력을 사용할 수 있었기 때문에 수차를 사용하기 위한 유인이 충분하지 못했다. 수력이 보편적인 중요성을 획득하게 된 것은 중세 후기에 물의 무게로 작동하는 상사식(上斜式) 수차가 보급된 이후의 일이었다.

이처럼 고대 사회에서는 로마에서 토목과 건축이 대규모로 이루어진 것을 제외하면 기술적 진보가 거의 없었다. 이에 관한 이유로는 흔히 노예제도가 거론된다. 고대 사회에서는 길을 닦고 건축물을 세우고 옷감을 만들고 금속을 채굴하고 노를 젓는 것 등 거의 모든 노동이 노예에 의존했다. 하층민이 존재하는 것은 어느 사회에도 있는 일이지만 노예에게는 별다른 투자가 필요하지 않았다는 차이점이 있다. 이처럼 거의 무료로 노예의 노동을 활용할 수 있었기 때문에 이를 대체할 수 있는 기술을 개발하거나 활용하려는 유인이 부족했던 것이다.

또한 고대 사회에서는 실제적인 일에 종사하는 것을 하찮게 여기는 사회적 분위기가 지배적이었다. 예를 들어 고대의 학문을 집대성했던 아리스토텔레스(Aristoteles, B.C. 384~322)는 『기계의 문제들』에서 기술이 자연을 기만하는 것이라고 간주했으며 『정치학』에서 동물, 노예, 장인은 도시국가의 구성 요소가

될 수 없다고 주장했다. 아르키메데스는 많은 기술을 발명했지만 이에 관한 기록을 남기지 않았으며 자신이 기술자로 비치는 것을 매우 싫어했다. 자연은 신성하며 인간이 개입하거나 개발할 영역은 아니라는 것이 고대 사람들의 생각이었던 것이다.

## 중세의 기술

중세 초기가 과학에서는 암흑기였지만 기술에서는 그렇지 않았다. 중세 초기에 기독교는 과학의 탐구에 장애물로 작용했지만 기술의 발전에서는 오히려 촉진제의 역할을 담당했던 것이다. 기독교는 자연을 활용하는 가치를 인정했고 노동을 신에 대한 봉사로 간주했으며 노예제도를 비판할 수 있는 기반으로 작용했다. 사실상 중세의 상당 기간 동안 수공업적 노동의 중심이 됐던 곳은 수도원이었다. 수도원의 규칙을 상징하는 용어에는 기도를 뜻하는 '오라(ora)'와 노동을 의미하는 '라보라(labora)'가 있었다. 수도사들은 자급적 경제 활동을 통해 그들의 생계에 필요한 것을 얻었고 몇몇 수도원의 경우에는 공장을 운영하기도 했다.

중세에는 농업·군사·동력의 세 분야에서 상당한 기술발전이 있었다. 농업 분야의 주요한 기술혁신으로는 바퀴가 달린 무거운 쟁기(heavy-wheeled plough)를 들 수 있다. 과거의 쟁기는 사람이 일정한 깊이를 유지해야 했기 때문에 힘이 들었고 땅의 겉만 살짝 긁힐 뿐이었다. 그러나 새로운 쟁기는 깊이를 조절하는 바퀴가 달려 있어 힘을 절약하게 했을 뿐만 아니라 땅을 깊고 반듯하게 갈 수 있었다. 또한 중세에는 안장과 멍에를 비롯한 마구(馬具)가 개량돼 말을 농경에 사용할 수 있게 됐다. 이러한 기술혁신과 함께 귀리, 보리, 콩과 같은 새로운 곡물이 도입돼 중세에는 북부유럽을 중심으로 윤작의 초보적 형태인 삼포식(three-field system) 농업이 정착됐다.

군사 기술의 분야에서는 중세를 통해 기마전(騎馬戰)의 중요성이 부각됐다. 8세기경에 유럽으로 전파된 등자(鐙子, stirrup)는 봉건제의 형성에 중요한 역할을 담당했던 것으로 평가된다. 등자는 말을 탈 때 두 발로 디디는 기구로서 말과 기수를 밀착시켜 단일한 전투 단위를 형성할 수 있게 했다. 말을 사육하는 데에는 상당한 비용이 수반됐고 기사는 수년 동안의 전문적 훈련을 거쳐야 했기 때문에 특정한 집단이 이를 유지하기는 매우 어려웠다. 이에 중세의 영주들은 기사들에게 토지를 하사함으로써 군사적 도움을 받는 방식을 선택했고 그것은 중세의 지배적인 정치 조직인 봉건제의 근간으로 작용했다.

중세에는 동력 기술 분야에서도 커다란 변화가 있었다. 수차는 9세기부터 빠른 속도로 보급됐고 10세기부터는 바퀴의 회전운동을 왕복운동으로 바꾸는 캠축이 사용됐다. 11세기 말 영국에서는 약 5,600개의 수차가 가동됐으며 14세기 이후에는 수리 시설의 보완을 배경으로 상사식 수차가 널리 보급됐다. 풍차는 12세기부터 도입돼 15세기 말 네덜란드에서는 약

7,500개가 가동됐는데 처음에는 상자형이었지만 나중에는 탑 모양으로 바뀌었다. 중세 후기에는 대부분의 마을에 수차와 풍차가 설치돼 독특한 전원 풍경을 연출하기도 했다.

수력과 풍력은 다양한 분야에 적용돼 노동력 절감과 생산성 향상에 크게 기여했다. 수력과 풍력은 곡식을 빻는 것은 물론이고 종이를 만드는 데, 나무와 돌을 자르는 데, 기계 해머를 작동시키는 데, 실을 감고 옷을 만드는 데, 풀무를 움직여 철을 생산하는 데에도 사용됐다. 또한 수차와 풍차에 필수적이었던 정교한 톱니바퀴는 이후에 시계를 제작하는 데 활용됐다. 이러한 자연 동력의 확산으로 중세에는 수많은 작업장이나 공장이 잇달아 세워졌는데 14세기 피렌체에는 200개 이상의 공장에서 3만 명 이상이 직물 생산에 종사할 정도였다. 공장의 초기 형태를 뜻하는 단어인 밀(mill)이 방앗간에서 기인했다는 점도 흥미로운 사실이다.

수공업이 번성하면서 제화공, 재단사, 제빵사, 목공, 석공, 대장장이 등과 같은 전문적인 수공업자들이 출현하기 시작했다. 영국과 독일에 '스미스(Smith)' 혹은 '슈미트(Schmidt)'라는 이름이 널리 퍼진 것도 금속 제품을 담당하는 수공업자가 많았기 때문이었다. 동일한 직종의 수공업자들

중세부터 널리 사용된 수차.

은 공장(工匠) 길드(craft guild) 혹은 춘프트(Zunft)라는 조합을 결성해 자신의 권익을 보호하고자 했다. 공장 길드는 장인(master), 직인(journeyman), 도제(apprentice)의 세 계층으로 구성됐다. 공장 길드의 규모와 관련해 1363년에 뉘른베르크에는 1,217명의 장인을 중심으로 50개의 수공업자 집단이 형성되어 있었다.

## 근대 기술의 여명

15~17세기는 중세에서 근대로의 이행기에 해당하며 근대 전기 혹은 근세(近世)로 불린다. 당시에는 지리상의 발견과 민족 국가의 성립을 배경으로 수많은 전쟁이 벌어졌으며 르네상스, 종교개혁, 과학혁명을 통해 근대적 정신문화가 형성됐다.

지리상의 발견을 위한 기술적 진보는 중세 말기에 이루어졌다. 삼각 혹은 사각 돛을 단 배가 출현해 바람을 가로질러 항해할 수 있게 됐으며 기존의 노를 대신해 경첩 모양의 방향키가 사용됐다. 이에 따라 배의 크기와 기동성이 급속히 향상됐고 노 젓는 사람도 필요 없게 됐다. 또한 아랍인을 통해 중국에서 전래된 나침반이 널리 사용됐고 지도 제작술의 발달로 인해 지도와 해도가 크게 개선됐다. 특히 '해양왕(海洋王)'으로 불리는 엔리케 왕자(Prince Henrique, 1393~1460)의 지원을 바탕으로 15세기에 포르투갈은 항해술에서 상당한 발전을 이룩했다. 16세기 이후에는 포르투갈에 이어 스페인, 네덜란드, 영국 등도 새로운 항해술을 채용해 식민지를 개척하거나 해상무역을 확대하기 시작했다.

근세는 '군사혁명(Military Revolution)'의 시대이기도 했다. 화약을 사용한 무기가 광범위하게 사용됐으며 중앙집권적 국가의 등장을 배경으로 상비군이 설치되기 시작했다. 화약은 9세기 중국에서 처음 사용된 후 13세기에 유럽으로 전래됐다. 중국은 1200년경에 화포를 만들었으며 유럽은 14세기 중엽에 이를 뒤따랐다. 15세기부터 본격적으로 사용된 대포는 처음에 성가신 물건에 불과했지만 굵은 알갱이 형태의 화약이 사용되고 포신(砲身)이 금속으로 만들어지면서 성곽을 공격하는 주요한 수단으로 자리 잡았다. 대포는 범선에도 채택돼 해전의 양상이 접근전에서 원격전으로 변모하기도 했다. 16세기부터는 개인 휴대용 화기도 등장했는데 소형 화기는 움직이는 목표물을 대상으로 했기 때문에 정확한 조준이 관건으로 작용했다. 화승식(matchlock), 바퀴식(wheellock), 부싯돌식(flintlock) 발화 장치 등이 잇달아 개발됐으며 부싯돌식 머스켓총은 150년 이상 표준적인 무기의 자리를 지켰다.

화기의 등장을 배경으로 기존의 노동 집약적 전쟁은 자원 집약적 전쟁으로 변모하기 시작했다. 당시에는 "오늘날의 전쟁의 목적은 적을 분쇄하는 것이 아니라 지치게 하는 것이다"라는 말이 유행할 정도로 전쟁이 장기화됐다. 무엇보다도 군대의 규모가 급격히 성장했는데, 예를 들어 프랑스의 병력은 1475년에 약 4만 명이었지만 1705년에는 약 40만 명으로 증가했다. 이러한 규모의 병력을 유지하기 위해서는 상당한 재원이 필요했고 당시의 많은 국가들은 독점적 권리의 판매에서 금융업자에 의한 대부에 이르는 다양한 수단을 동원했다. 동시에 대규모의 군대를 조직하기 위해 기계적 절차, 엄격한 통제, 위계적 구조 등이 강조되기 시작했고 그것은 관료제의 발달로 이어졌다. 또한 군사에 관한 지식이 체계화됐고 전쟁에 시장의 논리가 작용하게 된 것도 군사혁명의 중요한 내용이었다.

근대적 문화의 출현을 가능하게 한 주요한 배경으로는 인쇄술의 발명을 들 수 있다. 인쇄술의 초기 형태인 목판 인쇄술은 8세기에 중국에서 최초로 발명돼 1,000년 이상이나 사용됐다. 반면 오늘날 인쇄술의 주요 형태는 활판 인쇄술로서 1440년경에 독일의 기술자인 구텐베르크(Johannes Gutenberg, 1400~1468)가 발명한 이후에 서구 사회를 중심으로 급속히 확산됐다. 활판 인쇄술이 한국이나 중국에서 먼저 발명됐다는 지적도 있지만 구텐베르크가 발명한 것은 단순한 금속활자가 아니라 인쇄 시스템이었다. 그는 착탈식(着脫式) 활자를 고안하는 것은 물론 대량생산이 가능한 인쇄기를 발명했고 활판 인쇄에 필요한 종이와 잉크를 선택하는 데에도 많은 주의를 기울였던 것이다. 유럽 최초의 활판 인쇄본은 1,282페이지에 달하는 라틴어 성경을 1페이지 당 42행으로 인쇄한 것으로서 '구텐베르크 성서'로 불린다.

구텐베르크의 활판 인쇄술 덕분에 손으로 하면 원고 한 부밖에 베끼지 못할 시간에 수천 권의 책을 인쇄할 수 있게 됐다. 1455년만 해도 유럽 전역에서 인쇄된 서적들은 모두 합쳐

1632년에 그려진 인쇄소의 풍경.

봐야 수레 하나를 채울 정도에 불과했다. 그러나 50년 뒤에는 책의 가짓수가 수만 종으로 늘었고 인쇄된 총량은 수백만 권에 달했다. 1460년부터 1500년까지 40년 동안 유럽에서는 1,000년에 달하는 중세에 출간된 책의 40배에 달하는 책자가 쏟아져 나왔다. 1500년까지 인쇄된 서적은 '인큐내뷸러(incunabula)'로 불리는데, 인큐내뷸러는 요람 혹은 유아기를 뜻하는 라틴어다.

인쇄본은 필사본과 달리 오류가 거의 없었기 때문에 정보의 정확성도 더욱 증가했다. 인쇄술을 매개로 보다 많은 사람들이 책을 접할 수 있게 됨에 따라 폭넓은 식자층의 시대가 도래했다. 이러한 경향은 근대 국가의 성립을 배경으로 모국어를 사용하는 전통이 생겨남에 따라 더욱 촉진됐다. 사람들은 더 이상 정보를 통치자나 교회에 의존하지 않아도 됐으며 스스로 정보를 해석하면서 기존의 견해에 도전하기 시작했다. 근대적 문명을 상징하는 르네상스, 종교개혁, 과학혁명도 인쇄술이 없었더라면 거의 불가능했을 것이다.

항해술, 화기, 인쇄술 등은 다른 기술이나 과학의 발전에도 상당한 영향을 미쳤다. 항해술의 발전을 배경으로 체계적인 천문학 지식과 정밀한 항해용 기구가 요구됐으며 여기에는 당시의 많은 과학자들이 참여했다. 화기의 사용이 급증하면서 철이나 기계와 관련된 기술혁신이 뒤따랐으며 야금술이나 기계학도 발전했다. 예를 들어 아그리콜라(Georgius Agricola, 1494~1555)는 야금술과 광업에 대한 포괄적 저서인 『금속에 관하여』를 남겼고, 타르탈리아(Niccolò Tartaglia, 1500~1557)는 포신을 45도로 올렸을 때 포탄이 가장 멀리 나간다는 점을 규명했다. 인쇄술을 매개로 과학과 기술에 관한 서적이 대대적으로 발굴되는 한편 종이의 사용이 확산되면서 제지술이 크게 발전했다. 종이는 중국에서 먼저 발명된 후 12세기에 유럽에 전래됐지만 그것의 진가가 인정된 것은 인쇄술이 완성된 뒤라고 볼 수 있다.

근세에는 다양한 기술 활동이 촉진되면서 기술자들의 사회적 지위가 크게 향상됐다. 특히 기술에 대한 수요가 증가하고 15세기 말부터 특허제도가 정비되면서 개인적으로 활동하는 기술자들도 많이 생겨났다. 기술자들이 자신의 건축물이나 기계에 이름을 남기게 된 것도 근세에 있었던 일이었다. 당시의 기술자들은 자신의 사회적 지위에 부응하는 지적 지위를 획득하기 위해 체계적인 교육을 강조하면서 기술에 대한 교과서를 발굴하거나 집필했다. 이러한 과정을 통해 근세의 기술자들은 상당히 유식해졌고 대학의 학자들과도 접촉할 수 있었다. 당시의 학자들도 기술이 매우 유용하며 과학에 도움을 준다고 생각했는데 갈릴레오(Galileo Galilei, 1564~1642), 베이컨(Francis Bacon, 1561~1626) 등은 기술에서 실험적 방법의 기초를 찾아내기도 했다.

근세에 출간된 기술에 관한 저술을 보면 당시의 기술자들은 시대를 앞서 가기도 했다는 점을 알 수 있다. 당시에는 없었지만 미래에 제작될 것으로 확신하는 새로운 발명품이 제시됐던 것이다. 레오나르도 다빈치의 노트는 각종 기술에 대한 설계도가 실려 있는 것으로 유명하다. 거기에는 대기압 엔진, 방적 기계, 압연기, 선반, 천공기, 낙하산, 비행 기계 등이 기록돼 있다. 1588년에 출간돼 상당한 인기를 누렸던 라멜리(Agostino Ramelli)의 『다양하고 독창적인 기계』에도 110개의 물펌프, 20개의 제분기, 10개의 기중기 등이 실려 있었다. 이러한 기술들은 이후에 실현되지 않기도 했지만 인류의 풍부한 탐구 정신을 보여 주는 증거에 해당한다.

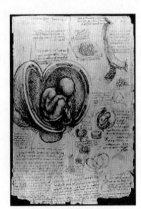

레오나르도 다빈치는 훌륭한 자기소개서를 쓴 사람으로도 유명하다. 그는 1482년경에 밀라노의 통치자였던 스포르차(Lodovico Sforza)의 주의를 끌기 위해 다음과 같은 편지를 보냈다.

레오나르도 다빈치가 그린
자궁 속의 태아.

"저는 매우 가볍지만 그러면서도 강한 다리의 설계도를 가지고 있습니다. 저는 개천에서 물을 끌어올 수 있는 기구들도 만들 수 있습니다. 저는 모든 성채나 다른 요새를 부수기 위한 방법을 가지고 있습니다. 더 나아가 저는 아주 간편하고 쉽게 이동시킬 수 있는 석포(石砲)의 설계도를 가지고 있습니다. 그리고 저는 아무 소음도 없이 설치할 수 있는 갱도와 구불구불한 비밀 통로의 설계도를 가지고 있습니다. 또 저는 안전하고 지붕이 있는 난공불락의 차를 건조할 계획입니다. 바다에서 전투가 일어날 경우에도 저는 공격과 방어에 적합한 많은 기구를 구상하고 있습니다. 평화 시에 저는 건축 기술에서 다른 모든 사람과 겨룰 수 있습니다. 더 나아가 저는 대리석, 광석, 점토의 가공, 그리고 회화에서 어떤 사람 앞에도 내놓을 수 있는 것을 이루어 낼 것입니다. 위에서 든 것들이 실행될 수 없는 것처럼 보인다면 저는 전하가 원하는 곳에서 시범을 보일 용의를 얼마든지 가지고 있습니다. 전하께서 저를 써 주시기를 삼가 청원합니다."

이 편지를 보고 스포르차는 레오나르도를 흔쾌히 받아들였다. 이 편지로 우리는 당시에 어떤 사회적 수요가 있었는지, 그리고 레오나르도가 어떤 전략을 가지고 자신을 소개했는지에 대해서 알 수 있다.

# 기술과 산업화

산업혁명(Industrial Revolution)은 18세기 중엽부터 19세기 중엽에 이르는 약 100년 동안 영국을 중심으로 발생했던 기술적·조직적·경제적·사회적 변화를 지칭하는 용어다. 기술적 측면에서는 도구에서 기계로의 전환이 본격화됐고 조직적 측면에서는 기존의 가내공업제(domestic system)를 대신해 공장제(factory system)가 정착됐다. 경제적 측면에서는 국내 시장과 해외 식민지를 바탕으로 광범위한 자본 축적이 이루어졌고 사회적 측면에서는 산업 자본가와 임금 노동자를 중심으로 한 계급사회가 형성됐다. 산업혁명을 통해 인류는 자본주의의 발전에 필요한 물적 토대를 구축하게 됐으며 농업 사회에서 공업 사회로 급속히 재편되기 시작했다.

## 면공업과 공장제

산업혁명의 주역은 면공업이었다. 면공업의 주요 공정은 목화에서 추출한 애벌 실로 방사(紡絲)를 만드는 방적(紡績, spinning) 부문과 방사를 짜서 직물을 만드는 방직(紡織, weaving) 부문으로 구분된다. 면공업의 기술혁신은 1733년에 케이(John Kay, 1704~1764)가 자동 북(flying shuttle)이라는 방직기를 발명함으로써 시작됐다. 그것은 북이 홈통을 따라 자동으로 미끄러지는 기계였다. 케이의 발명 덕분에 방직 부문의 생산성이 증가하자 방적 부문이 이를 받쳐 주지 못하는 상황이 발생했다. 1760년에 기술공업장려협회(Society for the Encouragement of Arts and Manufactures)는 방적기를 발명한 사람에게 상금을 주겠다고 공언하기도 했다.

이에 부응해 하그리브스(James Hargreaves, 1722~1778)는 1765년에 제니(jenny) 방적기를 발명했고, 아크라이트(Richard Arkwright, 1732~1792)는 1769년에 수력 방적기(water frame)를 개발했다. 특

도구에서 기계로. 13세기에 사용됐던 베틀과 19세기의 기계화된 면화 방적 공장.

히 아크라이트는 사업에 대한 감각을 타고난 인물로서 자신의 수력 방적기를 바탕으로 공장을 건설해 많은 돈을 벌었다. 그러나 아크라이트에게는 '다른 사람의 발명품을 가로챘다'는 비판이 계속해서 제기됐다. 이 때문에 그는 두 번의 특허 소송에 휘말렸고 결국 1785년의 재판에서 특허 무효의 판결을 받았다. 그의 공헌은 기술의 변혁기에 여기저기 널려진 발명을 사용해 하나의 기계로 통합했다는 점에서 찾을 수 있다.

산업혁명기의 방적기는 크롬프턴(Samuel Crompton, 1753~1827)이 1779년에 뮬(mule) 방적기를 발명함으로써 절정에 달했다. 18세기에는 100만 파운드의 면화를 실로 가공하는 데 5만 시간의 노동력이 요구됐지만 뮬 방적기가 활용된 이후에는 2,000시간으로 줄어들었다. 노새가 잡종이듯이 뮬 방적기는 제니 방적기와 수력 방적기의 장점만을 조합한 혼성 기계였다. 제니 방적기가 생산한 실은 가늘기는 했지만 쉽게 끊어졌고 수력 방적기가 생산한 실은 튼튼하기는 했지만 거칠었다. 뮬 방적기가 발명됨으로써 비로소 튼튼하면서도 가는 실이 생산될 수 있었다.

다양한 방적기가 잇달아 개발되면서 면공업의 상황은 역전됐다. 1760년 무렵에는 우수한 방적기가 없어서 문제였지만 1790년 무렵에는 방사가 과잉으로 생산돼 이를 처리하는 것이 중요한 과제로 떠올랐던 것이다. 그것은 카트라이트(Edmund Cartwright, 1743~1823)가 1785년에 역직기(力織機, power loom)를 발명함으로써 돌파되기 시작했다. 역직기는 씨줄에 낙하하는

아크라이트의 방적기.

바디(reed)와 날줄을 왕복하는 자동 북이 연속적으로 움직이는 구조를 가지고 있었다. 최초의 역직기는 조잡한 것이었지만 이후에 많은 사람들에 의해 지속적으로 개량됐다.

산업혁명기의 면공업은 다양한 기술혁신을 바탕으로 연평균 5퍼센트 이상의 높은 성장률을 보였다. 면공업은 공장제가 먼저 발달한 영역이기도 했다. 공장제는 아크라이트의 수력 방적기가 활용되면서 현실화되기 시작했다. 아크라이트는 1771년에 최초의 방적 공장인 크롬포드 공장을 설립했으며 이후에는 공장의 수와 규모가 계속 확대됐다. 1815년의 경우에 맨체스터에 있는 방적 공장의 평균 노동자 수가 300명에 달했으며 1,600명의 노동자를 고용한 공장도 있었다. 1830년대에는 카트라이트의 역직기가 본격적으로 보급되면서 공장제가 전면적으로 성립됐다.

공장제의 성립은 새로운 생산관계의 정립을 의미했다. 고용주와 노동자의 관계는 온정적 관계에서 금전적 관계로 전환됐다. 각종 기계가 도입되면서 경제적 지위가 낮아지고 기존의 사회적 관계가 붕괴되자 노동자들은 매우 과격해졌다. 기술자나 기업가를 협박하고 기계를 부수고 공장을 불태우는 일이

빈번해졌다. 케이, 하그리브스, 아크라이트, 카트라이트의 경우에도 예외일 수 없었다. 이러한 '기계 파괴 운동'은 1810년대에 절정을 이루었으며 전설적 인물인 러드(Ned Ludd)의 이름을 따 '러다이트 운동(Luddism)'으로 불리게 됐다.

공장제가 정착되면서 노동 규율을 정립하는 것이 심각한 문제로 등장했다. 기존의 노동자들은 매일 정해진 시간 동안 일하는 방식이 아니라 수요일부터 토요일까지 일하고 다른 요일에는 푹 쉬는 데 오랫동안 익숙해져 있었다. 노동 규율을 주입하기 위해 자본가들이 사용했던 기술적 수단은 시계였다. 공장에 시계가 도입되면서 작업은 생체 리듬이 아니라 시계의 시간에 맞추어 진행됐다. 처음에는 시계를 독점한 공장주가 시간을 속여서 많은 작업을 하도록 하는 경우도 종종 있었다. 그러나 노동자들이 정확한 시간의 중요성을 체득한 다음에는 초과 노동 시간에 대해 수당을 요구하게 됐다. 이제 시간이 '때우는' 것에서 '사고파는' 것으로 변했다. 시간의 관념이 중요해지면서 공장에는 작업 시간과 작업량을 체크하는 표가 도입됐고 그것은 다시 시간의 관념을 더욱 강화시켰다.

## 증기기관의 활용

증기기관(steam engine)은 처음에 탄광용 펌프로 사용됐다. 17세기부터 연료가 목탄에서 석탄으로 대체되면서 탄광이 본격적으로 개발되기 시작했다. 탄광이 점점 깊어짐에 따라 통풍과

배수의 문제가 발생했고 이를 해결하기 위해 증기기관이 출현했다. 1698년에 새버리(Thomas Savery, 1650~1715)는 증기 양수 장치를 발명했고 그것은 뉴커먼(Thomas Newcomen, 1663~1729)이 1712년에 대기압 증기기관을 개발하는 것으로 이어졌다.

당시에 글래스고 대학의 도구 제작자였던 와트(James Watt, 1736~1819)는 뉴커먼 기관의 모형을 수리하는 과정에서 1765년에 분리 응축기(separate condenser)를 발명했다. 뉴커먼 기관의 경우에는 한 번 사용한 후에 실린더 안에 냉수를 넣어 수증기를 냉각시키는 구조를 가지고 있었기 때문에 실린더를 다시 가열하려면 그만큼 많은 석탄이 소비됐다. 이에 반해 와트는 실린더로부터 분리된 응축기를 별도로 만들어 실린더 안의 수증기를 관을 통해 뽑아낸 후 실린더 바깥에서 냉각시키는 방법을 사용함으로써 증기기관의 열효율을 대폭적으로 향상시켰다.

와트의 증기기관에 대한 연구는 한동안 중단됐다가 볼튼(Matthew Boulton, 1728~1809)의 지원으로 1774년부터 다시 시작됐다. 1775년에는 상업용 증기기관이 완성돼 보룸필드의 탄광에서 시운전되는 것을 계기로 전국의 탄광에 확산되기 시작했다. 더 나아가 와트와 볼튼은 탄광용 펌프뿐만 아니라 당시에 많은 수요를 가지고 있었던 제분기나 방적기에 사용될 수 있는 증기기관을 탐색하기 시작했다. 이를 위해서는 기존의 왕복운동을 회전운동으로 대체시킬 수 있는 엔진이 필요했는데 와트는 1781년에 회전 엔진에 필수적인 유성식(遊星式) 기어를 발명했다. 또한 와트는 1782년에 피스톤을 동시에 밀고 당길

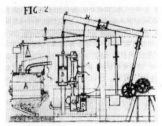

와트와 복동식 증기기관.

수 있는 복동식(double-acting) 증기기관을 개발했으며, 1784년에
는 피스톤이 원활하게 운동할 수 있게 하는 수평운동 장치를
고안했다. 와트의 복동식 증기기관이 상업화됨으로써 증기는
용도에 제한을 받지 않는 만능 동력원으로 사용됐다. 증기기
관은 1789년에 카트라이트의 역직기에 적용되는 것을 계기로
탄광에 이어 방적 공장, 제분소, 제련소 등에서도 널리 활용됐
다. 19세기에 들어와 증기기관은 증기기관차를 통해 철도의
시대를 개막하기도 했다.

　와트의 증기기관에 대해서는 두 가지 신화(神話)가 전해져
오고 있다. 첫째는 와트의 증기기관이 블랙(Joseph Black, 1728~
1799)의 잠열(latent heat) 이론과 같은 과학지식을 응용함으로써
탄생했다는 주장이다. 그러나 와트의 발명 과정을 엄밀히 검
토한 연구 결과는, 와트가 증기기관을 발명한 이후에 자신의
발명을 합리화하기 위해 잠열 이론을 사용했다는 점을 지적했
다. 와트는 뉴커먼 기관의 문제점을 구체적으로 분석한 후에
블랙과 대화를 나누었고, 이를 통해 소량의 증기만이 물을 끓

이는 데 사용되는 것은 증기의 잠열 때문임을 알 수 있었다. 따라서 증기기관이 블랙의 잠열 이론을 바탕으로 얻어진 것은 아니었고, 오히려 와트가 기본적인 문제를 해결한 후에 자신의 발명을 과학적 지식을 통해 이해할 수 있었다고 볼 수 있다. 하지만 와트가 복동식 증기기관을 발명하는 데에는 뉴커먼 기관의 문제점을 구체적으로 분석하고 일반화된 모델을 만들어 실험을 하는 방법이 큰 역할을 했으며, 이는 과학자들의 연구 방법과 거의 동일한 것이었다.

두 번째 신화는 와트가 주전자의 물이 끓는 것을 보고 증기기관을 구상했다는 이야기다. 그것은 반대로 해석하는 것이 더욱 그럴듯하다. 주전자 물이 끓는 것은 매우 흔한 현상이기 때문에 이것이 증기기관의 발명으로 이어졌다고 주장할 수는 없다. 오히려 와트가 증기기관을 염두에 두고 있었기 때문에 주전자의 물이 끓는 현상을 새롭게 해석할 수 있었던 것이다. 흥미롭게도 뉴커먼의 경우에도 주전자에서 물이 끓은 것을 유심히 관찰했다는 일화가 전해지고 있다. 대부분의 새로운 기술은 기존 기술의 문제점을 해결하는 과정에서 출현하며, 하나의 기술이 세상에 제대로 된 모습을 드러내기 위해서는 수많은 후속 작업이 지속적으로 수행돼야 한다. 한 가지 아이디어가 곧바로 위대한 발명으로 이어질 수는 없는 법이다.

## 철공업과 기계공업

산업혁명기에는 면공업과 같은 소비재공업뿐만 아니라 철공업이나 기계공업과 같은 생산재공업도 발전했다. 철공업은 철광석을 용광로에서 녹여 선철(銑鐵, pig iron)을 만드는 제선(製銑) 공정, 선철을 가공해 보다 우수한 품질의 강철(鋼鐵, steel)을 만드는 제강(製鋼) 공정, 선철 혹은 강철로 최종 제품을 만드는 압연(壓延) 공정으로 나뉜다. 1709년에 다비(Abraham Darby, 1678~1717)는 목탄 대신에 코크스(cokes)를 원료로 사용하는 방법을 고안해 양질의 선철을 생산할 수 있는 기술적 기초를 닦았다. 코크스를 사용하는 방법은 다비 2세에 의해 더욱 개선돼 1735년부터 성공적으로 적용되기 시작했다. 이처럼 다비 가문은 철공업의 발전에 크게 기여했는데 다비 3세는 1775~1779년에 콜브루크데일의 세번 강에 60미터나 되는 대형 교량인 아이언브리지(Iron Bridge)를 건설하는 작업을 주관하기도 했다.

1742년에는 헌츠먼(Benjamin Huntsman, 1704~1776)이 도가니 제강법(crucible process)을 창안함으로써 이전에 비해 경제적으로 선철을 가공할 수 있게 됐다. 또한 1783년에는 코트(Henry Cort, 1740~1800)가 교반법(puddling process)과 압연법(rolling process)을 개발해 양질의 철강재 생산을 가능하게 했다. 교반법은 철을 죽과 같은 상태로 만든 후에 쇠막대기로 휘저어 탄소와 불순물을 제거하는 방법이며, 압연법은 액체 상태의 철을 롤러 사이

산업혁명기에 제철소에서 작업하는 광경.

로 통과시켜 가공하는 방법이다. 철공업은 기계의 보급과 철도의 건설을 배경으로 급속한 성장을 경험했으며 영국은 1812년부터 철 수입국에서 철 수출국으로 변모했다. 그러나 산업혁명기에는 강철을 대량으로 생산할 수 있는 기술이 개발되지 않았고 압연 공정도 완전히 자동화되지 않았다.

산업혁명의 초기에는 기계가 해당 공장에서 직접 제작됐지만 점차적으로 기계를 제작하는 산업이 독립적인 영역으로 발전했다. 그것은 기계를 만드는 기계를 생산하는 것으로서 공작기계 산업(machine tool industry)으로 불린다. 본격적인 공작기계는 윌킨슨(John Wilkinson, 1728~1808)이 1774년에 우수한 천공기(boring machine)를 개발함으로써 출현하기 시작했다. 윌킨슨은 탄광, 주석광, 제련소, 창고를 잇는 '산업 왕국'을 보유했던 사람으로도 유명하다. 사실상 윌킨슨의 천공기가 있기 전에는 기계의 정밀도가 매우 떨어졌다. 1760년대에 제작된 증기기관에는 실린더와 피스톤 사이에 1/2인치나 되는 틈이 있을 정도였다. 와트가 자신의 증기기관에 적합한 원통형 실린더를 제작할 수 있었던 것도 윌킨슨의 천공기 덕분이었다.

공작기계 산업은 기계를 대량으로 생산하는 문제를 해결하는 과정에서 발전했다. 예를 들어 브라마(Joseph Bramah, 1748~1814)와 모즐리(Henry Maudslay, 1771~1831)는 자물쇠를 대량으로 제조하는 과정에서 표준화된 부품을 생산하기 위해서는 우수한 공작기계가 필수적이라는 점을 인식했다. 모즐리는 1797년에 나사 절단용 선반을 개발해 정교한 금속 부품의 생산을 가능하게 했고, 1841년에는 휘트워드(Joseph Whitworth, 1803~1887)가 표준 나선 측정법을 창안해 공작기계의 정밀도를 더욱 향상시켰다. 1839년에 증기해머를 발명했던 나스미드(James Nasmyth, 1808~1890)는 1883년에 발간한 『자서전』을 통해 공작기계에 대한 지식을 확산하는 데 크게 기여했다. 공작기계산업의 발전에 기여한 기술자들은 강한 유대 관계를 가지고 있었다. 모즐리는 브라마의 제자였고 휘트워드와 나스미드는 모즐리의 제자였던 것이다.

## 교통수단의 발전

산업혁명기에 교통수단의 발전은 세 가지 국면을 통해 이루어졌다. 제1국면은 도로의 개량이었다. 18세기 중엽 이후에는 새로운 도로포장법이 개발되면서 도로의 개량이 본격적으로 이루어졌다. 당시에 새롭게 건설된 도로는 유료도로(turnpike)의 형태를 띠었다. 교구(敎區)가 도로를 관리하는 방식을 대신해 지주, 상인, 제조업자 등으로 구성된 트러스트(trust)가 도로를 상업적으로 운영했던 것이다. 대부분의 유료도로는 30마일 정도로 짧았지만 많은 도로가 연결돼 전국적인 연결망이 형성됐다. 영국의 도로망은 1750년에 3,400마일에 불과했지만 1770년의 1만 5,000마일을 거쳐 1836년에는 2만 2,000마일로 증가했다.

교통수단 발전의 제2국면은 운하의 건설이었다. 영국은 하천의 폭이 좁고 길이가 길며 수량도 풍부했기 때문에 운하의 건설과 활용에 양호한 지리적 조건을 가지고 있었다. 운하 건설은 1760년대부터 1790년대까지 열광적으로 추진됐으며 18세기 말 영국에서 운항이 가능한 수로는 2,000마일에 이르렀다. 운하 건설에는 많은 자본이 소요됐기 때문에 주식회사를 설립해 자본을 조달하는 방식이 적극 활용됐다. 또한 도수관(導水管)이나 지하 터널과 같은 고도의 기술이 요구됨에 따라 많은 기술자들이 운하 건설에 참여했다. 운하 건설에 선구적인 역할을 했던 기술자는 브린들리(James Brindley, 1716~1772)였다. 그의 기술적 지도를 바탕으로 워슬리-맨체스터 운하, 맨체스터-리버풀 운하, 대간선 운하(Grand Trunk Canal) 등이 건설됐다.

교통수단 발전의 제3국면은 철도의 건설이었다. 처음에 철도는 탄광 내부에서 사용되다가 점차 광산 지역과 공업 지역을 연결하는 교통수단으로 자리 잡았다. 18세기 후반부터 많은 기술자들은 증기를 동력으로 사용하면서 레일과 차륜의 마찰로 기차를 움직일 수 있는 방법을 강구하기 시작했다. 와트의 조수였던 머독(William Murdock, 1754~1839)은 1784년에 증기기관차의 모형을 만들었고 콘월 지방의 광산 기술자였던 트레비딕(Richard Trevithick, 1771~1833)은 1804년에 시속 4마일의 증

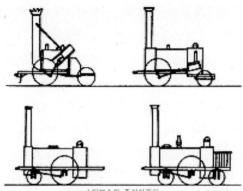

스티븐슨의 증기기관차.

기기관차를 제작했다. 증기기관차의 아버지로 불리는 스티븐
슨(George Stephenson, 1781~1848)은 1814년에 상업적으로 활용할
수 있는 시속 12마일의 증기기관차를 개발했다. 세계 최초의
장거리 철도에 해당하는 리버풀-맨체스터 철도는 1830년에
개통됐는데 스티븐슨의 로켓(Rocket) 호가 시속 14마일로 달림
으로써 철도에 대한 붐을 일으켰다.

　19세기 후반은 '철도 건설의 위대한 시대'로 불린다. 1840년
대 이후에 세계 각국이 경쟁적으로 철도를 건설했던 것이다.
1840년과 1914년의 철도망을 비교해 보면 프랑스는 410킬로
미터에서 3만 7,400킬로미터로, 독일은 469킬로미터에서 6만
1,749킬로미터로, 영국은 2,390킬로미터에서 3만 2,623킬로미
터로, 미국은 4,510킬로미터에서 41만 475킬로미터로 증가했
다. 자연적 조건에 제약을 받지 않았던 철도는 점차적으로 마
차와 운하를 대체함으로써 지배적인 교통수단으로 자리 잡았

다. 특히 철도의 발달을 계기로 국내 시장의 단일화가 이루어져 지방경제는 국민경제의 차원으로 승화됐다.

철도 건설은 금속, 연료, 기계 등을 대량으로 요구했기 때문에 다른 산업 부문에도 엄청난 파급 효과를 낳았다. 또한 철도의 건설과 운영에는 막대한 자본과 체계적인 관리가 필요했으며 철도를 매개로 오늘날과 같은 근대적 대기업이 형성됐다. 이러한 점에서 철도 산업은 '경영혁명(managerial revolution)'의 효시로 불리기도 한다. 철도 산업이 확대되면서 기업 간 통합이 활발히 전개됐고 대기업이 지배하는 체제가 정립됨에 따라 독점의 횡포를 방지하기 위한 정부의 규제 법안도 제정됐다. 철도의 원활한 운영을 위해 표준화 작업이 전개됐다는 점도 주목할 만하다. 미국의 경우에는 1883년 11월 18일에 전국을 4개의 구역으로 나누어 표준 시각을 정했고, 1886년부터는 철도 궤간의 크기가 모두 4피트 8.5인치로 통일했다.

산업혁명은 기술의 역사에서 어떤 의의를 가지고 있을까? 개별적인 기술혁신은 이전부터 계속돼 왔지만 산업혁명을 계기로 개별적인 기술혁신이 상호 연관을 맺으면서 서로를 강화시키기 시작했다. 산업혁명이 '혁명적' 효과를 낼 수 있었던 것도 기술혁신의 상호 연관성에서 찾을 수 있다. 증기기관은 방직기에 활용됐고 면공업의 발전은 더 많은 증기기관을 요구했다. 증기기관을 만들기 위해서는 양질의 철이 필요했고 용광로에 뜨거운 바람을 불어넣는 데에는 증기기관이 활용됐다. 철도가 건설되면서 철광석의 수송비용이 낮아졌고 이에 따라 철의 생산비용도 낮아졌다. 그것은 다시 저렴한 철도를 가능하게 했으며 수송비용을 더욱 낮추는 결과를 유발했다. 철도의 동력원으로 증기기관이 활용됐다는 점을 감안하면 기술혁신 사이의 상호 연관성은 더욱 증폭될 것이다.

## 후발 공업국의 산업화

산업혁명이란 용어는 처음에 영국에 국한돼 사용됐지만 점차적으로 다른 지역에 확대돼 적용됐다. 19세기에는 프랑스, 독일, 미국, 러시아, 일본 등이 급속한 산업화의 국면에 진입했고 20세기에는 수많은 개발도상국이 이를 뒤따랐다. 후발 공업국의 산업화에서는 영국으로부터의 기술도입이 중요한 역할을 담당했다. 영국은 기술이 유출되는 것을 달갑게 생각하지 않았으며 이를 막기 위해 기술자의 해외여행과 기계의 수출을 금지하는 조치를 취하기도 했다.

그러나 물이 위에서 아래로 흐르듯이 기술도 선진 공업국에서 후발 공업국으로 전파되기 마련이었다. 공식적으로는 기술의 수출이 차단돼 있더라도 비공식적인 방법을 통해 선진국의 기술을 활용할 수 있었던 것이다. 예를 들어 1790년에 미국에서 최초의 방적 공장을 세웠던 슬레이터(Samuel Slater)는 아크라이트의 공장에서 경험을 쌓은 후 농민으로 변장해 미국으로 탈출했다. 1791년에 독일의 기술자인 라이헨바하(Georg Reichenbach)는 영국을 여행하는 중에 술값을 조금 주고서 와트의 증기기관에 대해 공부할 수 있는 기회를 얻었다. 이러한 사정은 산업혁명의 선두 주자였던 영국의 경우에도 별반 다르지 않다. 1716년에 존 롬(John Lombe)은 이탈리아로 가서 연사기(撚絲機, 실을 꼬아서 가공하는 기계)를 훔쳐보고 설계도를 그린 후 영국으로 탈출해 1720년에 공장을 차렸다. 롬의 여행은 영국 공장 제도의 효시로 평가되기도 한다.

후발 공업국의 산업화는 영국의 영향하에서 이루어졌지만 해당 국가가 처해 있는 여건과 대응 방식에 따라 독특한 모습을 나타냈다. 프랑스에서는 석탄이 풍부하게 매장돼 있지 않았기 때문에 증기기관의 이용이 제한됐고 오랫동안 수력이 중요한 역할을 담당했다. 또한 프랑스의 면공업에서는 19세기 내내 가내 수공업이 중요한 위치를 차지했고 사치재의 성격이 강한 고급직물의 생산이 이루어졌다. 독일의 산업화를 주도한 것은 면공업과 같은 소비재공업이 아니라 철공업을 비롯한 생산재공업이었다. 또한 독일의 산업화 과정에서는 투자 은행을 통해 자본이 조달됐고 기업 간 협력 체제가 조기에 구축됐으며 정부가 적극적인 산업 진흥 정책을 추진했다.

미국은 천연자원이 풍부하지만 노동력은 상대적으로 부족한 조건을 가지고 있었다. 미국에서는 삼림 자원이 풍부해 코크스 제철법의 도입은 지연됐던 반면 노동력의 부족으로 농업의 기계화가 다른 국가보다 빠른 속도로 전개됐다. 특히 미국의 산업화에서는 '미국식 생산 체계(American System of Manufacture)'라는 독특한 방식이 출현하기도 했다. 미국은 금속을 가공하는 산업에서 교환 가능한 부품을 적극 활용함으로써 수공업적 생산에서 요구됐던 맞춤 과정을 생략하고 수리를 간편하게 했던 것이다. 미국식 생산 체계는 총기 제조업에서 시작된 후 재봉틀, 타자기, 자전거, 자동차 등으로 확대되면서 더욱 정교화됐다.

미국식 생산 체계는 기술사에서 뜨거운 논쟁이 촉발됐던 주제 중의 하나다. 부품의 호환성이 강조됐던 이유를 노동력 부족에서만 찾기는 어렵다. 미국식 생산 체계가 구현되기 시작한 공간은 조병창이었고 군부가 민간에 없는 시장을 창출했다는 점이나 미국 사회가 유럽 사회에 비해 상대적으로 평등한 사회이기 때문에 대중적 시장이 일찍부터 발달했다는 점도 강조돼야 한다. 동시에 19세기에 부품의 호환성이 실제로 구현됐는가 하는 점에도 의문이 제기되고 있으며 미국식 생산 체계가 다른 부문으로 확대되는 과정이 순탄하지 않았다는 점

최초의 박람회가 개최됐던 수정궁의 모습. 수정궁 박람회에서 전시된 물품을 바탕으로 1857년에는 런던 과학박물관이 개관했다.

도 지적되고 있다. 더 나아가 미국식 생산 체계가 미국 기술의 고유성을 과도하게 강조하는 편협한 민족주의적 해석이라는 비판도 있다.

산업혁명에서 빼 놓을 수 없는 연도는 1851년이다. 그해에는 세계 최초의 박람회인 '수정궁(Crystal Palace) 박람회'가 런던에서 개최됐다. 이후에 박람회는 세계 각국에서 경쟁적으로 개최됐고 박람회를 계기로 기술을 발명하는 것은 물론 기술을 선전하는 것이 중요한 관심사로 부상했다. 수정궁 박람회에서는 영국의 기술이 대부분이었지만 후발 공업국의 기술도 선보이기 시작했다. 영국은 '세계의 공장'으로서의 지위를 과시하기 위해 수정궁 박람회를 개최했지만 그 박람회를 전후해 후발 공업국들의 추격이 본격화됐고 19세기 후반에는 독일과 미국이 영국을 앞지르는 상황이 전개됐다. 영국으로서는 1851년이 역설적인 연도였던 것이다.

# 기술 시스템의 개화

오늘날의 기술 시스템(technological system)을 촉발한 많은 발명들은 19세기 후반과 20세기 초반에 출현했다. 강철, 인공 염료, 전기, 전신, 전화, 자동차 등은 그 대표적인 예다. 이러한 기술혁신은 기존의 산업을 크게 변혁시키거나 염료 산업, 전기 산업, 통신 산업, 자동차 산업 등과 같은 새로운 산업을 창출함으로써 당대의 산업 발전과 경제 성장에 커다란 영향을 미쳤다. 이러한 변화는 앞에서 살펴본 산업혁명에 대비해 '제2차 산업혁명'으로 불린다. 제2차 산업혁명을 계기로 대기업이 기술혁신의 핵심 주체로 부상했으며 기술의 주도권은 영국에서 독일과 미국으로 이동했다. 특히 산업혁명에서는 기술혁신이 직접적인 영향력을 행사했다고 평가하기는 힘든 반면, 제2차 산업혁명은 새로운 기술혁신에서 비롯됐다고 해도 과언이 아닐 정도로 기술혁신이 당시의 경제와 사회의 변화에 커다란 영향을 미쳤다.

## 강철의 대량생산

19세기 전반만 하더라도 섬유 산업을 제외하면 기계화가 충분히 진행되지 않았고 모든 산업의 기계화는 19세기 후반부터 본격화됐다. 기계화가 진전되기 위해서는 우선 기계의 재료가 되는 철이 산업계에서 요구하는 품질과 수량에 적합하게 생산돼야 했다. 당시에 주요한 기계 재료로 사용되고 있었던 선철(銑鐵)은 탄소 함유량이 많으며 불순물을 함유하고 있어서 부러지기 쉽고 가공성이 취약한 특성을 가지고 있었다. 선철을 강도가 높고 가공성이 뛰어난 강(鋼)으로 만들기 위해서는 제강로에서의 정련 과정을 거쳐야 하는데 그것은 19세기 후반에 전로(轉爐, converter)와 평로(平爐, open hearth furnace)가 개발됨으로써 가능해졌다.

전로는 회전이 가능한 항아리 모양의 제강로로서 1856년에 베세머(Henry Bessemer, 1813~1898)에 의해 개발됐다. 전로법은 산화 과정에서 생성된 열을 활용해 선철에 공기를 불어넣음으로써 탄소를 신속히 제거하는 방법이다. 이전에는 3~5톤의 선철을 가공할 때 24시간이 걸렸지만 전로법에서는 약 10분이 소요됐다. 또한 기존의 정련로는 사람이 휘저어야 했기 때

셰필드 산업 박물관에 전시된 베세머 전로의 모습.

문에 크기가 200킬로그램 이내로 제한됐던 반면 베세머 전로는 20톤 정도까지 확대될 수 있어서 규모의 경제를 가능하게 했다.

평로는 납작한 모양을 가진 제강로로서 1856년에 지멘스(William Siemens, 1823~1883)가 발명한 후 1863년에 마르탱(Pierre E. Martin, 1824~1915)에 의해 상업화됐다. 평로법은 배기가스를 평로의 가열에 다시 사용하고 고철을 투입해 탄소 제거를 촉진하는 특징을 가지고 있다. 3~5톤의 선철에서 탄소를 제거하는 데 소요되는 시간은 약 10시간으로 전로법보다 길었지만 베세머 강철보다 더욱 균질적인 제품을 생산했다. 전로법이 적당한 품질의 강철을 대량으로 생산하는 데 적합했다면 평로법은 우수한 품질의 강철을 생산하는 데 사용됐다.

그러나 전로법과 평로법을 막론하고 인이나 규소 화합물을 0.1퍼센트 이상 포함하는 철광석으로는 저질의 강철만을 제조하게 되는 난점이 있었다. 이에 따라 인산이나 규산을 함유하지 않는 적철광이 풍부한 지역은 새로운 제강법을 활용할 수 있었지만 다른 지역은 그렇지 못했다. 이러한 한계는 1876년에 토마스(Sidney G. Thomas, 1850~1885)와 길크라이스트(Percy C. Gilchrist, 1851~1935)가 염기성 전로법을 개발함으로써 극복됐다. 그것은 석회석을 용해된 철에 혼합하고 전로의 내벽을 염기성 물질로 대체하는 방식을 채택하고 있었다.

이와 같은 제강법의 혁신으로 철강재는 산업용 기계는 물론 철도 레일, 다리, 건축물 등으로 그 적용 범위를 확장해 갔다. 특히 1889년 파리 만국박람회의 인기를 독차지한 에펠탑은 평로법에 의해 제작된 강철을 재료로 한 것으로서, 철강의 용도가 수직 건물에도 사용될 수 있다는 것을 보여 준 상징적인 건축물이었다. 이후에 철강재는 건축물에 필수적인 재료로 자리 잡았고, 1940년대 이후에는 오늘날의 대표적인 도시 건축물인 빌딩과 아파트의 제작에 널리 활용되기 시작했다.

## 인공 염료와 화학 산업

화학 산업은 철강 산업과 함께 신소재의 개발을 통해 제2차 산업혁명에 기여했다. 18세기부터 본격적으로 발전한 섬유 산업은 수많은 염료를 요구했다. 그러나 천연염료는 충분한 양을 얻기도 어려웠고 색깔도 제한돼 있었다. 18세기까지 천연염료는 고가의 사치품이었기 때문에 귀족이 아니면 사용하기 어려웠던 것이다. 이러한 한계는 영국 왕립 화학 대학의 학생으로서 호프만(August von Hofmann, 1818~1892)의 제자였던 퍼킨 (William H. Perkin, 1838~1907)이 1856년에 아닐린에서 보라색 염료를 추출하는 방법을 개발함으로써 돌파됐다. 퍼킨은 자신 이 발명한 인공 염료의 이름을 아닐린 퍼플(aniline purple)로 정했지만 나중에 보랏빛이 나는 우아한 색깔을 뜻하는 모브 (mauve)로 바꾸었다.

여기서 주목해야 할 사항은 퍼킨이 유기화학에 대한 체계적인 교육을 받으면서 그것을 바탕으로 실험을 하는 과정에서 새로운 기술을 발명했다는 점이다. 퍼킨의 뒤를 이어 19세기 말과 20세기 초에는 수많은 인공 염료들이 개발됐는데 그것은 모두 과학교육을 받은 사람들이 담당했다. 과학이 인공 염료 의 개발에 활용되면서 바이엘(Friedrich Bayer & Company)과 BASF (Badische Anilin und Soda-Fabrik)를 비롯한 화학 염료 회사들은 경쟁적으로 대학과 연결을 맺기 시작했고 나중에는 대학의 연구실을 본떠서 기업 연구소를 만들었다. 산업혁명 때 과학이 기술에 미쳤던 영향은 간접적이었지만 제2차 산업혁명부터는 '과학에 기반을 둔 기술(science-based technology)'이 등장하기 시작했던 것이다.

인공 염료는 영국에서 먼저 발명됐지만 나중에는 독일이 주도권을 잡았다. 독일 정부는 외국으로 건너간 과학자들을 적극적으로 유치했고 자국의 산업을 보호하기 위해 특허법을 제정했다. 이를 배경으로 호프만을 비롯한 수십 명의 화학자 들이 독일로 돌아왔으며 새로운 인공 염료가 경쟁적으로 개발됐다. 특히 독일 대학에서는 과학 연구가 제도적으로 정착돼 있어서 염료 산업의 발전을 주도할 수 있는 전문 인력이 풍부했다. 이에 반해 영국의 과학교육은 체계적이지 못했고 정부의 역할도 미진했다. 천재적 개인에 의존하는 영국과 조직적 활동을 중시하는 독일의 명암이 갈렸던 것이다.

20세기에 접어들면서 화학 산업은 새로운 기술혁신을 잇달아 경험하면서 섬유 산업을 보조하는 위치에서 벗어나 독자적인 산업으로 성장하기 시작했다. 하버(Fritz Haber, 1868~1934)는 1908년에 '공중질소고정법'을 발견한 후 1913년에 BASF의 보슈(Karl Bosch, 1874~1940)와 함께 암모니아 상업화 공정을 개발함으로써 화학비료를 대량으로 생산할 수 있게 됐다. 하버-보슈 공정이 개발된 1913년은 독일 정부에게는 매우 적절한 시기였다. 암모니아는 식량 증산에 필요한 비료뿐만 아니라 화약 제조에 필수적인 질산의 원료로도 중요한 물질이었던 것이다. 제1차 세계대전이 시작되기 직전에 BASF 공장의 생산 품목은 비료에서 화약으로 쉽게 전환됐고, 독일에는 수많은 화약 공장이 건설됐다. 또한, 하버는 독가스를 연구하는 작업을 책임지면서 염소를 원료로 한 독가스를 개발하는 데 성공했다. 1915년 4월 22일 오후에 벨기에 전선에서는 세계 최초로 독가스가 살포됐으며, 이 전투에서 사망한 사람은 5,000명, 가스에 중독된 사람은 1만 5,000명에 달했다.

화학 산업은 플라스틱이나 합성섬유와 같은 새로운 소재가 개발되면서 절정에 달했다. 1909년에 베이클랜드(Leo H. Baekeland,

1863~1944)는 안전성이 뛰어난 플라
스틱인 베이클라이트(bakelite)를 개
발했는데, 그것은 최초의 합성 중
합체로서 고분자 화학물질 개발의
포문을 열었다. 이어 1934년에는
듀퐁(Du Pont)의 캐러더스(Wallace H.
Carothers, 1896~1937)가 나일론을 발
명했다. 캐러더스의 나일론은 5년
간의 대규모 협동연구개발사업을

1949년 〈라이프〉에 실린 나일론
스타킹에 대한 광고.

통해 상업화된 후 1939년 뉴욕 만국박람회에서 히트 상품으
로 부상했다. 듀퐁의 경영진은 나일론을 상품화하면서 여성용
의류에 사용되던 값비싼 비단을 대체하겠다는 전략을 내세웠
는데, 때마침 제2차 세계대전이 발발해 일본으로부터의 비단
수입이 단절되는 바람에 듀퐁은 나일론으로 여성 고급 의류 시
장을 급속히 잠식할 수 있었다.

## 전기의 시대

산업혁명이 증기의 시대였다면 제2차 산업혁명은 전기의
시대였다. 전기의 시대는 발명왕 에디슨이 1879년에 백열등을
개발하는 것에서 시작됐다. 물론 에디슨 이전에도 전기는 사
용됐지만 보편화되지는 않았다. 당시에 공장 및 거리에서는
가스등이나 아크등이 사용되고 있었는데, 가스등은 불빛이 약

하고 가격이 비쌌으며 아크등은 너무 밝고 폭발의 위험성을 가지고 있었다. 에디슨은 가정에서도 사용할 수 있는 전등을 개발하는 것을 목표로 세웠다. 그는 전등에 충분한 에너지를 제공하면서도 경제적인 방법을 찾는 것이 중요하다고 생각했다.

에디슨은 엄밀한 비용 분석을 통해 값비싼 구리가 전등 시스템 개발에서 난점에 해당한다는 점을 밝혀낸 후, 전등에 필요한 에너지를 충분히 공급하면서도 전도체의 경제성을 보장하는 것을 핵심적인 문제로 규정했다. 그는 옴(Ohm)의 법칙과 줄(Joule)의 법칙을 활용해 전도체의 길이를 줄이고 횡단 면적을 작게 하는 방법을 탐색했고, 결국 오늘날과 같은 1A(암페어) 100Ω(옴)짜리 고저항 필라멘트라는 개념에 도달했다. 이러한 백열등 개발에는 1,600가지 이상의 금속선이 동원됐고 그 때 작성된 노트는 4만 페이지가 넘었다고 한다.

에디슨은 전등을 시스템적인 차원에서 개발했을 뿐만 아니라 전등의 상업화를 위한 경영 활동도 시스템적으로 전개했다. 즉, 전등의 개발을 담당하는 회사, 전력을 공급하는 회사, 발전기를 생산하는 회사, 전선을 생산하는 회사 등을 잇달아 설립해 전기에 관한 한 모든 서비스를 제공해 줄 수 있는 '에디슨 제국(Edison Empire)'을 구성했고, 이러한 기업들은 1889년에 '에디슨 제너럴 일렉트릭(Edison General Electric)' 사로 통합됨으로써 당시의 전기 산업을 장악했다. 에디슨의 회사는 1882년에 뉴욕 시의 펄(Pearl) 가에 세계 최초로 중앙 발전소를 설립하는 것을 계기로 미국의 전등 및 전력 산업을 석권하기 시작했다. 이러

발명왕 에디슨과 백열등.

한 측면에서 에디슨은 단순한 발명가가 아니라 '시스템 건설자
(system builder)'였으며 '발명가 겸 기업가(inventor-entrepreneur)'의
전형이라 할 수 있다.

그러나 에디슨 제국은 직류 시스템에 입각하고 있었기 때
문에 발전소를 소비 지역과 인접한 곳에 설치해야 하는 약점
을 가지고 있었다. 직류 시스템의 대안이 된 교류 시스템은 테
슬라(Nikola Tesla, 1856~1943)가 1888년에 교류용 유도전동기를
발명하고 웨스팅하우스(Westinghouse) 사가 그의 특허를 매입함
으로써 모습을 드러내기 시작했다. 직류 시스템과 교류 시스
템 사이에는 '전류 전쟁(current war)'이라 불릴 정도로 격렬한
경쟁이 전개됐고, 결국 1893년에 시카고 만국박람회에서 웨스
팅하우스가 에디슨을 제치고 전기 시설 독점권을 따내면서 일
단락되었다. 1892년에 에디슨의 회사는 톰슨-휴스턴(Thomson-
Houston)사와 통합되어 제너럴 일렉트릭(General Electric, GE)으로
변모되었고, GE는 새로운 환경에 대응하기 위하여 웨스팅하
우스와의 공생(共生)을 적극적으로 모색했다. 그것은 1895년에

나이아가라 폭포에 수력발전소를 건설하는 공사를 웨스팅하우스가 발주하는 대신, GE는 전기의 공급에 필요한 전선의 제작을 담당하는 식으로 이루어졌다. 더 나아가 두 기업은 특허를 공유하는 방법을 통해 GE가 철도 장치의 제작에, 웨스팅하우스가 전력 기기의 제작에 참여할 수 있게 했다.

GE는 1900년에 기업체 연구소를 설립해 전등 연구를 제도화하기도 했다. GE는 우수한 과학자를 유치하기 위해 대학 교수보다 훨씬 많은 급여, 자유로운 연구 시간, 그리고 연구 주제의 자율적 선택 등을 보장했다. GE 연구소에서는 쿨리지(William D. Coolidge, 1873~1975)가 1913년에 상업용 텅스텐 필라멘트를, 랭뮤어(Irving Langmuir, 1881~1957)가 1916년에 기체 충진 백열등을 개발하는 등 수많은 성과가 나왔다. 그것은 GE가 계속해서 전기 산업에서 경쟁 우위를 유지할 수 있는 기반으로 작용했다. 특히 랭뮤어는 연구소에 근무하면서 수많은 특허를 출원함과 동시에 학술적 논문도 왕성하게 출판했으며 1932년에는 노벨 화학상을 수상했다. 이처럼 랭뮤어는 산업적 연구와 학문적 연구를 훌륭하게 병행함으로써 과학기술자의 새로운 역할을 창출했다.

GE와 웨스팅하우스를 비롯한 대기업은 기술혁신의 경로를 규정하는 데에도 막강한 영향력을 행사했다. 냉장고의 사례는 이러한 점을 잘 보여 주고 있다. 1920년대부터 시판된 가정용 냉장고 시장을 석권했던 것은 가스 흡수식이 아니라 전기 압축식이었는데, 당시에는 전기냉장고가 가스냉장고보다 기술적

제너럴 일렉트릭 연구소의 실험 광경(1912년).

으로 뛰어나지 않았다. 전기 압축식에서는 압축기라는 별도의
전기 펌프가 냉매의 기화와 응고를 조절했던 반면, 가스 흡수
식은 냉매가 가스 불꽃에 의해 가열되고 물에 흡수되면서 농
축되는 매우 간단한 구조를 가지고 있었다. 압축기로 인해 전
기냉장고는 윙윙하는 소리가 심하게 났지만 가스 흡수식의 경
우에는 작동 부품이 거의 없었고 정비도 용이했다. 전기냉장
고의 승리는 GE와 웨스팅하우스의 적극적인 기술적·경제적
활동에 기인한 것이었다. 대기업들은 충분한 자본을 바탕으로
냉장고의 개발에 막대한 물적·인적 자원을 투자했으며 적극
적이고 기발한 판촉 활동을 벌였다. 또한 대기업들 사이의 생
산적인 경쟁과 전력 회사들의 적극적인 지원은 전기냉장고에
관한 기술혁신과 시장 확보를 용이하게 했다. 이러한 과정을
통해 등장한 전기 압축식은 지금도 냉장고의 지배적인 패러다

임으로 군림하고 있다.

전기는 전등과 가전제품에 활용되는 것은 물론 공장의 동력원과 운송 수단으로도 각광을 받았다. 1866년에 지멘스(E. Werner Siemens, 1816~1892)가 상용 발전기를 개발하고 1882년에 에디슨에 의해 전력의 상업화가 가능해지는 것을 계기로 전기는 공장의 동력원으로 널리 사용되기 시작했다. 전기는 교통수단에도 활용돼 1879년에 전차가 등장한 후 1890년대부터는 세계 각국의 대도시에서 전차선이 구축됐다. 전기에 의한 동력 체계는 가격이 저렴하고 전달이 쉬우며 깨끗하고 응용 범위가 넓다는 점에서 증기 동력 체계를 급격히 대체해 나갔다. 예를 들어 1900년에 증기와 전기가 동력원에서 차지하는 비율은 80퍼센트와 5퍼센트이었지만 1930년에는 그 비율이 15퍼센트와 75퍼센트로 역전됐다.

## 통신 기술의 발전

기술의 발전은 인간이 의사를 소통하는 방식에도 큰 변화를 유발했다. 미국의 화가였던 모스(Samuel Morse, 1791~1872)는 1837년에 실제로 사용할 수 있는 전신기와 함께 모스 부호를 개발했다. 그의 발명에서 창의적이었던 요소는 모스 부호로서 숙달된 전신 기사는 점과 사선의 배열로부터 메시지를 판독할 수 있었다. 전신 서비스를 제공하는 수많은 기업들이 생겨나는 가운데 1866년에 웨스턴 유니온 전신(Western Union Telegraph)

이라는 대기업이 출현해 1890년대까지 전신 서비스를 거의 독점했다. 전신 시스템은 처음에 기차의 운행 시각을 통제하는 데 사용되다가 점차 언론과 기업으로 적용 범위를 확장했다.

전신 사업은 1897년에 이탈리아의 과학자인 마르코니 (Guglielmo M. Marconi, 1874~1937)가 무선전신을 발명함으로써 더욱 발전됐다. 마르코니는 선박들 사이의 통신에 자신의 무선전신기가 활용할 수 있다는 점에 착안해 영국 해군을 설득했고 곧이어 미국 해군으로부터도 자금과 시장을 확보할 수 있었다. 전신의 가치가 분명해지자 1900년경에는 수많은 아마추어 무선통신 집단이 출현했고, 그들은 수신기의 성능과 안테나의 특성을 개량하는 데 크게 기여했다. 특히 1912년에 타이타닉 호 침몰 사고가 무선전신을 통해 전 세계에 전파되는 것을 계기로 무선전신의 중요성에 대한 인식은 급속히 확산됐다.

전화는 전신보다 더욱 큰 반향을 일으켰다. 전화는 사용자

타이타닉 호가 침몰하는 모습.

들 사이의 직접적인 통신을 가능하게 할 뿐만 아니라 인간의 감정까지도 전달할 수 있었던 것이다. 전화를 발명한 사람으로 알려져 있는 벨(Alexander G. Bell, 1847~1922)은 1876년 2월 14일에 그레이(Elisha Gray, 1835~1901)보다 2시간 빨리 특허를 제출했다. 그 덕분에 그레이는 후대의 사람들이 기억하지 못하는 인물이 되고 말았다. 전문 발명가였던 그레이는 상업적 가치가 없다고 판단해 전화에 집중하지 않았던 반면, 농아학교 선생으로서 인간의 목소리에 관심이 많았던 벨은 전화의 개발에 모든 정열을 바쳤던 것이다. 벨은 미국 독립 100주년을 기념해 1876년에 필라델피아에서 개최된 박람회에서 전화를 선보인 後 벨 전화사(Bell Telephone Company)를 설립했고, 전화 기기를 제작하는 기업들에게 자신의 특허를 대여하는 한편 특허를 침해한 기업을 고소하는 방식으로 전화 산업을 급속히 석권해 갔다. 벨 전화사는 1885년에 AT&T(American Telephone & Telegraph)로 확대·개편됐다.

1907년에 경영진이 교체되면서 AT&T는 장거리 전화 사업의 독점을 목적으로 하는 '보편적 서비스(universal service)' 전략을 표방했고, 1911년에는 아놀드(Harold D. Arnold, 1883~1933)를 비롯한 박사급 과학기술자들을 대폭 고용하면서 기존의 공학 부서를 연구 중심으로 개편했다. AT&T가 추진하고 있었던 대륙 횡단 전화 서비스가 가능하기 위해서는 신호를 증폭해 주는 기기의 개발이 절실히 요구됐다. AT&T의 연구진은 드 포리스트(Lee de Forest, 1873~1961)의 3극 진공관(Audion)이 수신기뿐만 아니라 증폭기로도 사용될 수 있다는 점에 착안해 1912년에 새로운 고진공 증폭관을 개발했다. 그것은 이후에 몇 차례의 개량을 거친 후 1915년에 뉴욕과 샌프란시스코 사이의 동서 대륙 간 전화 통화에 사용됐다. 고진공 증폭관의 개발과 활용을 계기로 AT&T는 연구개발 활동의 제도화가 기업의 장래에 필수적이라는 점을 인식하면서 1925년에 벨 전화 연구소(Bell Telephone Laboratory)를 독립법인의 형태로 설립했다.

AT&T를 비롯한 초기의 전화 회사들은 전화를 전신과 마찬가지로 급한 용무를 전달하기 위한 수단으로 생각했다. 그들은 전화가 사무용이 아닌 사교용으로 사용될 수 있다는 점을 간과했고 1920년대까지 가정집을 주요 고객으로 생각하지 않았다. 그러나 중산층 여성을 비롯한 많은 사람들은 친구나 친지에게 안부를 전하고 이야기를 나누기 위해 전화를 활용하기 시작했다. 이러한 전화의 다른 용도는 전화 시스템의 변화에도 반영됐다. 처음에는 교환수가 플러그를 써서 전화선을 수동으로 연결시켜 주었지만 교환수가 전화를 통한 대화를 엿듣는 상황이 빈번히 발생하자 자동 다이얼에 의한 전화 시스템이 정착됐던 것이다.

전화가 개인적인 의사소통을 위한 것이었다면 라디오는 특정한 사건을 전국적인 차원에서 동시에 체험할 수 있게 했다. 1918년에 암스트롱(Edwin H. Armstrong, 1890~1954)은 수신기, 튜너, 증폭기를 하나의 기기에 집적시킨 라디오를 개발했고 웨스팅하우스는 1920년에 암스트롱의 특허를 매입했다. 1920년

11월 2일에 웨스팅하우스는 KDKA 방송국을 설립해 최초의 상업방송을 시작했는데 당시의 프로그램은 미국 대통령 선거의 개표 결과를 중개하는 것이었다. 하딩이 제29대 대통령으로 당선됐다는 소식이 다음 날 아침의 신문이 배달되기도 전에 전달되자 미국 국민들은 라디오의 위력을 실감하게 됐다. 이를 계기로 라디오 방송은 급속히 성장해 1924년에 이르면 미국의 곳곳에 500개에 가까운 상업 방송국이 설립됐다. 1926년에는 미국 전역을 포괄하는 방송국인 NBC가 설립됐으며 1928년에는 주파수를 배정하고 관리하는 연방라디오위원회(1934년에 연방통신위원회로 개편됨)가 발족됐다.

라디오 방송이 시작되면서 많은 사람들은 라디오가 통신 수단의 최종적인 형태가 될 것이라고 생각했다. 그러나 그것은 텔레비전이 개발됨으로써 무색해졌다. 1925년에 영국의 베어드(John L. Baird, 1888~1946)가 '라디오비전'이라는 기계식 텔레비전을 개발한 후 영국방송공사(BBC)는 베어드의 장치로 방송 실험을 진행했다. 전자식 텔레비전은 1927년에 판즈워스(Philo T. Farnsworth, 1906~1971)가 송신기와 수신기를 발명함으로써 모습을 드러내기 시작했다. 전자식 텔레비전 개발에 가장 많은 관심을 기울인 기업은 미국라디오방송공사(Radio Corporation of America, RCA)였다. RCA는 1930년에 러시아 출신 기술자인 즈보리킨(Vladimir K. Zworykin, 1889~1982)을 고용했고 즈보리킨은 10년에 걸쳐 감광성이 뛰어난 카메라 튜브를 제작하는 데 전념했다. RCA는 1938년에 텔레비전 사업을 위한 모든 준비를

갖추었지만 대공황과 제2차 세계대전으로 제한을 받았다. 텔레비전 사업은 1940년대 후반부터 급격히 성장해 미국의 경우에 1946년에는 8,000대에 불과했던 텔레비전이 1960년에는 4,570만 대로 증가했다. 1965년에 통신위성이 발사된 이후에는 채널의 확장에 대한 기술적 제약이 제거됨으로써 수많은 케이블 채널이 생겼다.

## 자동차와 포드주의

전기와 함께 새로운 동력원으로 부상한 것은 내연기관이었다. 증기기관은 아무리 성능이 개선된다 하더라도 엔진의 외부에서 동력이 공급되기 때문에 열손실이 많다는 단점을 가지고 있다. 19세기 후반부터 많은 발명가들은 외연기관에 비해 열효율을 급격히 향상시킬 수 있는 내연기관의 개발을 모색했다. 프랑스의 르누아르(E'tienne Lenoir, 1822~1900)는 1860년에 전기로 점화되는 최초의 내연기관을 발명했지만 그것은 구조가 복잡하고 연료 소모가 많아 상업적으로 성공하지 못했다. 독일의 오토(Nikolaus A. Otto, 1832~1891)는 상업적 가치가 있는 엔진을 탐색하면서 흡입·압축·폭발·배기로 이루어진 4행정 이론을 정립했다. 그는 1867년에 상업적 가치를 가진 최초의 내연기관을 개발해 파리 박람회에 출품했으며 그것은 1870년대와 1880년대에 독점적 지위를 누렸다. 그러나 르누아르 엔진과 오토 엔진은 모두 석탄가스를 연료로 사용하고 있어서 수송용으로는 적합하지 않았다.

이러한 한계는 1883년에 독일의 다임러(Gottlieb W. Daimler, 1834~1900)가 마이바흐(Wilhelm Maybach, 1846~1929)와 함께 가솔린을 연료로 사용하는 내연기관을 개발함으로써 돌파됐다. 다임러의 엔진은 1885년에 두 바퀴 자동차를 제작하는 것으로 이어졌는데, 그것은 오늘날의 오토바이에 해당한다. 이와는 별도로 1886년에는 독일의 벤츠(Karl Benz, 1844~1929)가 4행정기관의 세 바퀴 자동차를 개발함으로써 현대판 자동차가 탄생했다. 같은 해에 다임러는 마차에 새로운 엔진을 장착해 네 바퀴 자동차를 개발했다. 한편 디젤(Rudolf Diesel, 1858~1913)은 오토의 내연기관을 관찰하면서 약간의 공기와 액체연료를 사용해 매우 높은 압력의 엔진이 만들어질 수 있다고 착안한 후 4년간의 노력 끝에 등유를 사용하는 디젤엔진을 개발해 1893년에 특허를 취득했다. 가솔린엔진과 디젤엔진의 개발로 인류 사회는 석유에 의존하는 사회로 변모하기 시작했다.

이러한 기술혁신을 배경으로 1890년대에는 유럽과 미국에서 다양한 형태의 자동차가 앞을 다투어 제작됐다. 당시의 자동차 경쟁은 전기 자동차, 증기 자동차, 가솔린 자동차의 3파전을 띠고 있었다. 예를 들어 1900년의 미국에서는 증기 자동차 1,681대, 전기 자동차 1,575대, 가솔린 자동차 936대가 생산됐다. 그중에서 점차적으로 주도권을 장악하게 된 것은 가솔린 자동차였다. 가솔린 자동차 업계는 시장 진입 단계에서 농촌 지역을 공략하는 차별화 전략을 활용했고 대량생산 방식을 조기에 도입해 대중용 자동차 시장을 창출함으로써 자동차 업계를 평정했다.

가솔린 자동차가 승리할 수 있었던 가장 결정적인 계기는 포드(Henry Ford, 1863~1947)가 1908년부터 추진했던 '모델 T'의 대량생산에 있었다. 모델 T는 복잡하지 않게 설계돼 있고 새로운 합금강을 사용해 견고할 뿐만 아니라 작업의 세분화와 작업 공구의 특화에 입각한 생산 방식으로 저렴하게 제작됐다. 여기서 작업을 세분화하고 공구를 특화한 것은 미국의 엔지니어인 테일러(Frederick W. Taylor, 1856~1915)가 제안했던 '과학적 관리(scientific management)'의 영향이라고 볼 수 있다. 테일러는 '시간연구(time study)'를 통해 노동자의 과업(task)을 설정했고, 노동자에게 과업 실행의 유인을 제공하기 위해 차별적 성과급제(differential rate)를 개발했으며, 과업 관리에 적합한 조직인 기획부와 기능별 직장제(functional foremanship)를 고안했고, 전송 장치 및 작업 도구의 개발을 통해 기계장치를 표준화했다.

1908년에 처음으로 판매된 모델 T는 당시 미국 사람들에게 '싸구려 자동차'라고 불리면서 폭발적인 인기를 누렸다. 모델 T에 대한 수요가 급속히 증가하자 포드 자동차 회사(Ford Motor

테일러의 모습과 스톱워치를 이용한 시간연구.

Company)는 1910년에 4층짜리 하이랜드 파크(Highland Park) 공장을 신설했다. 그것은 작업이 위층에서 아래층으로 이어지도록 설계된 최신 공장이었다. 이와 함께 포드는 하이랜드 파크에서 공장 자동화 작업에 착수했다. 당시에 포드는 시카고로 여행하던 중에 푸줏간 주인이 도살한 소를 손수레로 이동시키면서 아무것도 남지 않을 때까지 부위별로 고기를 발라내는 것을 목격했다. 포드는 유사한 기능을 가진 기계들을 그룹별로 묶어 본 후 나중에는 생산물을 중심으로 기계 체계를 구성했다. 포드 사의 생산공정을 연속화 하는 문제는 1913~1914년에 컨베이어 벨트(conveyor belt)로 연결된 조립라인(assembly line)이 구축됨으로써 완성됐다. 조립라인이 완성되면서 포드 사의 생산성은 급속히 향상됐다. 모델 T의 생산 대수는 1910년의 1만 9,000대에서 1912년에는 7만 8,440대로 증가했고, 1913년에는 24만 8,000대로 급증했다.

그러나 새로운 생산라인은 또 다른 문제를 유발하기도 했다. 작업이 단순 반복적인 성격을 띠게 되면서 노동의 리듬을 잃게 되자 노동자들의 불만이 높아지면서 이직률이 크게 증가했던 것이다. 채플린(Charles Chaplin, 1889~1977)의 영화인 <모던 타임즈>에서 보듯이 나사를 조이는 것만을 반복하는 노동자가 자신의 일에 만족하지 않는 것은 당연한 이치였다. 1913년에 포드 사는 한 해 동안 100명의 노동자를 확보하기 위해 무려 936명을 고용하는 상황에 이르렀다. 이러한 위기에 직면해 포드는 1914년 1월 5일에 하루 8시간 노동에 대해 최소한 5

노동의 기계화를 익살스럽게 풍자한 영화 〈모던 타임즈〉의 한 장면.

달러를 제공하는 '일당 5달러(five-dollar day)'라는 정책을 실시했다. 당시에 미국의 노동자들이 하루 9시간 일한 대가로 2.38달러를 받았으니, 포드 사는 통상적인 임금의 2배 이상을 보장했던 것이다. 또한 포드 사는 사회복지를 담당하는 별도의 부서를 만들어 노동자의 가정생활에서 발생하는 문제점을 해결해 줌으로써 노동자가 직장에 전념할 수 있도록 했다.

이러한 정책을 통해 포드 사는 노동조합을 결성하는 움직임을 막을 수 있었다. 그보다 더욱 중요한 것은 노동자들을 자동차 고객층으로 확보할 수 있었다는 점이다. 1920년대 중반에 모델 T의 가격은 290달러에 불과했는데 그것은 포드 사에 근무했던 일반 노동자의 3달치 봉급과 비슷했다. 이제 일반 노동자들도 마음만 먹으면 어렵지 않게 자동차를 구매할 수 있게 된 것이다. 이처럼 포드 사는 컨베이어 벨트와 일당 5달러 정책을 통해 대량생산과 대중소비의 결합을 추구했다. 1920년대부터 미국 사회는 풍요한 경제와 모델 T를 배경으로 자동차 대중화 시대에 돌입해 1930년에는 가구당 1대의 자동차를 보유하게 됐다.

이러한 포드 사의 실험은 이후에 '포드주의(Fordism)'로 불렸다. 그러나 포드주의가 다른 지역이나 국가에 확산되는 과정에서는 고임금이나 사회복지의 이념은 퇴색하고 컨베이어 벨트를 통해 노동자를 착취하는 것만이 남게 됐다. 사실상 포드 사의 온정주의적 정책도 경영 환경이 나빠지자 계속해서 유지될 수 없었다. 아울러 포드 사는 한 가지 차종에 집착함으로써 소비자의 새로운 기호를 반영하지 못했다는 한계를 가지고 있었다. 1920년대 중반 이후에는 제너럴 모터스(General Motors)의 시보레(Chevrolet)가 출시되는 것을 계기로 해마다 새로운 자동차 모델이 등장하면서 일반인이 편리하게 사용할 수 있는 각종 기술들이 개발되기 시작했다.

가솔린엔진의 발명으로 가벼운 동력원이 현실화되면서 19세기 말부터 비행기구의 가능성이 본격적으로 모색됐다. 처음에 비행기구는 비행선이나 글라이더의 형태로 만들어졌으며 인류 최초의 동력 비행기는 1903년에 라이트 형제(Wilbur Wright, 1867~1912; Orville Wright, 1871~1948)가 개발한 플라이어(Fleyer) 1호였다. 랭글리(Samuel P. Langley, 1834~1906)는 라이트 형제에 앞서 비행기를 만들었지만 성공하지 못했다. 랭글리는 모형 비행기를 그대로 확장해 실물 비행기를 만드는 방법을 택했던 반면 라이트 형제는 모형 비행기가 아니라 실물의 글라이더에서 출발했던 것이다. 라이트 형제의 비행기는 보조날개를 앞에 달고 엔진을 프로펠러에 직접 연결하는 구조를 가지고 있었지만 이후에는 프로펠러와 동력 장치를 분리하고 보조날개를 뒤에 다는 비행기가 보편화됐다. 1927년에는 린드버그(Charles A. Lindbergh, 1902~1974)가 대서양 횡단 비행에 성공함으로써 항공에 대한 열기를 고조시키기도 했다.

# 현대 기술의 명암

현대 기술의 경로에 가장 커다란 영향을 미친 사건은 제2차 세계대전이라고 할 수 있다. 제2차 세계대전은 항공기와 같은 기존의 기술을 급속히 발전시켰고 원자탄과 컴퓨터를 비롯한 새로운 기술의 원천으로 작용했다. 또한 제2차 세계대전과 그 이후에 지속된 냉전 체제를 배경으로 군부는 기술혁신에 대한 최대의 수요자이자 지원자로 부상했다. 사회 체제가 전쟁의 방향으로 조직되자 기술혁신과 관련된 주체들은 군사 혹은 군수에서 최대의 수요처를 찾아냈다. 동시에 필요 이상의 자원이 전쟁과 관련된 기술에 투입되면서 자원 배분이 왜곡되고 그 결과 탄생한 기술이 인류를 파괴하는 데 사용됨으로써 기술에 대한 비판적 인식과 운동도 전개되기 시작했다. 이처럼 제2차 세계대전은 기술변화의 속도, 방향, 범위 등에 뚜렷한 흔적을 남겼다.

## 전쟁 무기의 개발

항공기는 처음에 장거리 우편물을 수송하는 수단으로 사용됐지만 두 차례의 세계대전을 겪으면서 전쟁 무기로 탈바꿈했다. 유럽 각국과 미국의 국방부는 항공기를 중요한 군사 무기로 지목하고 항공기 제작 회사를 전폭적으로 지원했다. 제1차 세계대전부터 본격적인 궤도에 진입한 항공 산업은 제2차 세계대전을 계기로 급격히 성장해 몇몇 대기업을 중심으로 대량 생산의 단계에 진입했다. 보잉(Boeing), 더글러스(Douglas), 록히드(Lockheed) 등이 제2차 세계대전 때 군용 항공기를 생산하면서 급격히 성장한 기업들이다.

항공 산업에 대한 자금이 거의 군부에 의해 지원됨에 따라 기술변화의 경로에도 군사적 요구가 반영됐다. 가공할 만한 속도를 요구했던 군부 집단의 개입에 따라 고속 엔진의 개발이 잇따랐던 것이다. 제트기와 로켓은 그 대표적인 예다. 그러나 예상 밖의 문제가 발생하는 바람에 제트기와 로켓의 개발은 매우 지연됐고 이에 따라 원래의 기대와는 달리 실제 전투에서는 아예 사용되지 못하거나 큰 효과를 발휘하지 못했다. 제2차 세계대전 이후에 제트엔진은 장거리 공중 운송 수단에 사용됐고 로켓엔진은 미사일이나 인공위성의 발사체로 사용됐다. V-2 로켓을 개발했던 독일의 브라운(Wernher von Braun, 1912~1977)은 미국으로 건너가 미사일 개발을 담당했고 소련은 V-2 로켓엔진을 개량해 독자적인 미사일을 개발했다.

제2차 세계대전은 다양한 기술이 전쟁의 목적으로 실험되고 사용되는 광장이었다고 할 수 있다. 불도저, 수륙양용 트럭, 지프차, 수송기 등이 출현해 전쟁 물자의 수송을 도왔고 자동소총, 대전차 무기, 곡사포, 폭격기 등이 전쟁 무기로 사용됐다. 무선 전화기, 레이더, 컴퓨터 등과 같은 전자 기술도 제2차 세계대전을 통해 본격적으로 개발되기 시작했다. 사실상 제2차 세계대전에는 모든 과학 분야가 동원됐다. 물리학이 가장 효과적인 포탄의 양식을 결정하고 화학이 새로운 폭약을 개발하며 생화학이 군대의 전염병을 차단하고 기상학이 군사 작전을 위한 관측 데이터를 제공하는 식이었다. 전리층의 특성을 밝히려는 연구는 미사일을 조기 탐지하기 위한 레이더의 설계와 운용에, 수염고래의 의사소통 패턴에 대한 연구는 잠

제2차 세계대전 중에 사용된 레이더.

수함대의 기동과 은폐에 필수적인 정보를 제공했다.

제2차 세계대전을 계기로 군사 연구에 대한 국가의 지원이 현격히 증가했으며, 특히 미국 정부는 대학을 통해 군사 연구를 추진하는 방식을 활용했다. 당시에 군사 연구를 총괄했던 과학 연구 개발국(Office of Scientific Research and Development, OSRD)은 연구 계약 제도를 통해 대학을 적극 지원했는데, 제2차 세계대전 중에 MIT는 1억 1,000만 달러를, 칼텍은 8,600만 달러를 지원받았다. 더 나아가 대학 혹은 군부가 직접 군사 연구를 담당하는 기관을 설립하기도 했다. MIT의 링컨 연구소, 존스홉킨스 대학의 응용물리 연구소, 해군 연구국(Office of Naval Research, ONR), 육군 항공대(1947년에 공군으로 독립됨)가 지원하는 RAND 연구소 등은 그 대표적인 예이다.

제2차 세계대전을 통해 출현한 군사 무기의 상징은 원자탄이다. 1938년에 우라늄 핵분열 반응이 알려지면서 나치의 박해를 피해 미국으로 망명했던 과학자들은 독일이 원자무기를 만들 가능성이 있다고 생각하고 미국 정부가 적극적으로 대처해야 한다는 의견을 피력했다. 제2차 세계대전 초기에 레이더 개발에 주력했던 미국은 진주만 사건 이후에 원자탄 개발을 본격적으로 추진했다. 1942년에 맨해튼 계획(Manhattan Project)으로 구체화된 원자탄 개발 사업에는 미국의 대학, 연구소, 산업체, 군대 등이 총동원됐으며 3년이라는 짧은 기간 동안에 12만 5,000명의 인원과 20억 달러라는 자금이 소요됐다. 맨해튼 계획은 '군산학복합체(military-industrial-academic complex)'에 의해 추진된 '거대과학(big science)'의 본보기였던 것이다.

1945년 7월 16일에는 원자폭탄에 대한 폭파 실험이 뉴멕시코 사막에서 이루어졌고, 그 실험 후에 열린 대책 회의에서는 투하 시간, 장소, 일정 등이 완전히 마련됐다. 결국 예정대로 8월 6일에는 농축우라늄으로 제조한 원폭 '꼬마(Little Boy)'가 히로시마에 투하됐고 8월 9일에는 플루토늄 원폭 '뚱보(Fat Man)'가 나가사키에 투하됐다. 원자폭탄으로 인한 사망자 수는 1945년에 약 14만 명이었으며 다음 5년 동안 6만 명이 더 생명을 잃었다. 원자폭탄의 개발과 투하는 '인류 역사상 최악의 과학기술 드라마'로 평가되고 있다.

제2차 세계대전이 종료된 후 미국은 핵무기를 독점하기 위한 일련의 조치를 취하려고 했으나, 1949년에 소련이 핵실험에 성공하고 1950년에 한국전쟁이 발발하는 것을 계기로 수소폭탄의 개발을 적극적으로 추진했다. 미국은 1952년에 수소

히로시마 핵폭발 장면.

폭탄을 개발해 두 차례의 폭파 실험을 거쳤고, 소련은 1955년에 수소폭탄의 개발에 성공했다. 1954년 3월 1일에는 비행기에 탑재해 실전에 활용할 수 있는 수소폭탄에 대한 실험인 브라보 실험이 마샬 군도의 비키니(Bikini) 섬에서 실시됐다. 그것은 히로시마에 투하됐던 원자폭탄보다 1,000배가 넘는 위력을 가지고 있었고, 이에 따라 비키니 섬의 대부분이 발가벗겨졌다. 비키니 수영복이란 명칭도 이 섬에서 유래된 것이다.

## 기술에 대한 비판

원자탄을 둘러싼 과학기술자들의 행동 방식은 매우 다양했다. 1936년에 미국이 원자탄 개발을 서둘러야 한다고 주장했던 실라르드(Leo Szilard, 1898~1964)는 원자탄이 개발된 후에 그것의 투하를 반대하는 운동을 벌였다. 미국의 원자탄 독점이 야기할 문제점을 곰곰이 생각했던 푹스(Klaus Fuchs, 1911~1988)는 1944년부터 소련에 맨해튼 계획의 내용을 보고하는 스파이 노릇을 했다. 핵분열 현상을 발견했던 한(Otto Hahn, 1879~1968)은 자신의 발견으로 수많은 사람들이 사망하는 결과가 발생했다는 사실에 크게 괴로워했다. 사이클로트론을 개발했던 로렌스(Ernest O. Lawrence, 1901~1958)는 원자탄이 전쟁을 조기에 종료시켜 희생자를 줄였다고 주장했다. 맨해튼 계획의 과학기술 부분 총책임자였던 오펜하이머(J. Robert Oppenheimer, 1904~1967)는 나중에 수소폭탄 개발에 반대함으로써 공산주의자라는 누명을 쓰고 공직에서 물러나야 했다. 텔러(Edward Teller, 1908~2003)는 원자탄을 개발하면서 수소폭탄의 기술적 가능성이 드러나자 그것의 조기 개발을 주장해 1950년대에 그 프로젝트의 책임자로 활동했다.

핵무기를 비롯한 군사 무기의 엄청난 파괴력은 반전반핵 운동으로 나타났다. 원자폭탄의 가공할 위력에 큰 충격을 받은 과학기술자들은 제2차 세계대전 직후에 핵 투하와 핵실험을 반대하는 운동을 본격적으로 전개하기 시작했다. 1946년에 영국과 프랑스의 과학기술자들을 중심으로 결성된 '세계 과학 노동자 연맹(World Federation of Scientific Workers)'은 1950년대와 1960년대를 통해 핵무기 및 군축에 대한 대중적 관심을 유발하는 데 중요한 역할을 담당했다. 핵무기를 둘러싼 논쟁이 확산되면서 그동안 균질적이었던 과학기술자 엘리트 집단은 수소폭탄 개발을 매개로 찬성파와 반대파로 분열되는 모습을 보이기도 했다.

1954년에 실시된 브라보 실험은 원자폭탄의 1,000배가 넘는 위력을 가진 수소폭탄을 실전에 활용할 수 있다는 점을 보여 주었다. 그 실험을 계기로 과학기술자들의 반전반핵 운동은 보다 본격적이고 조직적으로 전개되기 시작했다. 1955년에는 러셀-아인슈타인의 선언문이 채택됐고, 1957년에는 퍼그워시 운동(Pugwash Movement)이 조직됐다. 퍼그워시 운동을 매개로 핵무기 경쟁과 군축 문제에 대한 중요한 선언이 계속해서 발표됐으며, 그중 몇 가지 사항은 부분 핵실험 금지 조약,

핵확산 금지 조약, 탄도탄 요격 미사일 협약 등과 같은 군축 협정 및 정책에 반영되기도 했다.

제2차 세계대전 이후에는 원자력의 평화적 이용에 대한 노력도 병행됐다. 에너지의 방출을 느리게 조절할 수 있는 상업용 원자로가 개발되면서 1954년에는 소련이 원자력발전소를 가동하기 시작했고 1956년과 1957년에는 영국과 미국이 이를 뒤따랐다. 원자력발전소의 건설에 사용된 예산은 군사 목적에서 사용된 예산의 1/3에 지나지 않았지만, 1960년대에 접어들면서 원자력은 '제3의 불'로 칭해지면서 원전 건설 붐이 조성됐다. 1970년대까지 원자력발전은 기존의 화력발전에 비해 대량의 에너지 공급이 가능하고 환경오염이 적은 동력 시스템으로 평가됐다.

그러나 1979년의 스리마일 아일랜드(Three Mile Island) 발전소 사고와 1986년의 체르노빌(Chernobyl) 발전소 사고가 터지면서 원자력발전은 심각한 위기에 봉착했다. 특히, 체르노빌 사고를 계기로 선진 각국은 원자력발전에 대한 전면적인 재검토에 돌입하면서 원자력발전의 대형 사고 가능성은 물론 경제적·환경적 차원의 문제를 제기했다. 원자력발전은 화력발전보다 경제적인 것으로 평가돼 왔지만 나중에 발생할 폐기물 처리 비용과 원전 폐기 비용을 고려한다면 그렇지 않으며, 원자력발전은 대기오염 물질을 거의 배출하진 않지만 폐기물과 재처리로 인해서 심각한 환경오염 문제를 유발한다는 것이었다. 1980년대 후반부터 많은 선진국들은 핵에너지를 동력원으로

사고가 난 후의 체르노빌 발전소.

사용하지 않으려는 경향을 보이고 있으며, 에너지 효율을 제고할 수 있는 에너지 절약 기술과 태양력을 비롯한 재생가능 에너지의 개발을 모색하고 있다.

반전반핵 운동과 함께 주요한 사회 운동 세력으로 부상한 것은 환경 운동이다. 19세기 이후 급속히 진행된 산업화가 환경에 미치는 부정적인 영향은 20세기에 들어서 본격적으로 나타나기 시작했다. 게다가 20세기에는 발전소와 자동차를 비롯한 환경오염 물질을 다량으로 배출하는 기술 시스템과 방사능물질 및 합성 화학물질과 같은 지구 생태계에 존재하지 않는 인공 물질이 등장함으로써 환경문제는 더욱 광범위하고 복잡해졌다. 1952년에 발생한 런던 스모그 사건은 4,000명이 넘은 사람의 목숨을 앗아갔고, 로스앤젤레스에서는 1960년대부터 '광화학스모그'라는 새로운 현상이 인식됐다. 1962년에 카슨(Rachel L. Carson, 1907~1964)이 발간한 『침묵의 봄(Silent Spring)』은 DDT라는 살충제의 역기능을 폭로했고, DDT의 위력은 베트남전쟁을 통해 뚜렷이 확인됐다.

환경문제를 폭로하고 이에 대한 각성을 요구하는 운동은 1970년대부터 본격적으로 전개됐다. 1970년 4월 22일에는 제1회 지구의 날 행사가 개최됐으며, 1972년에는 스톡홀름에서 제1회 유엔 환경회의가 소집됐고 로마클럽은 「성장의 한계

(The Limits to Growth)」라는 보고서를 출간했다. 그 후 다양한 입장과 활동 영역을 가진 수많은 단체들이 환경 운동에 참여했으며, 오존층 파괴, 지구 온난화, 산성비, 기상이변 등의 새로운 환경문제가 인지되기 시작했다. 1992년에 리우데자네이루에서 개최된 유엔환경개발회의를 계기로 구체화된 '지속가능한 개발(environmentally sound and sustainable development, ESSD)'이라는 개념은 인류가 지향해야 할 지표를 분명히 보여 주고 있다.

## 컴퓨터와 반도체

제2차 세계대전은 오늘날 과학기술의 대명사라 할 수 있는 컴퓨터를 배태하기도 했다. '전쟁은 계산'이라 할 정도로 탄도 계산과 작전 연구(Operations Research, OR)에 필요한 대규모의 데이터는 수백 명의 인력이 계산기로 처리할 수 있는 범위를 넘어섰던 것이다. 최초의 범용 전자식 컴퓨터로 알려진 에니악(ENIAC: Electronic Numerical Integrator and Calculator)은 탄도표를 계산할 목적으로 1946년에 에커트(J. Presper Eckert, 1919~ )와 모클리(John W. Mauchly, 1907~1980)에 의해 개발됐다. 오늘날 컴퓨터의 기본 원리를 제안한 노이만(John von Neumann, 1903~1957)은 핵무기 설계에 필요한 데이터를 처리할 수 있는 컴퓨터를 개발하는 과정에서 프로그램 내장 방식과 2진법 논리 회로라는 개념에 도달했다. 노이만의 개념을 적용한 최초의 상업적 컴퓨터는 1951년에 개발된 유니박(UNIVAC: Universal Automatic Computer)으로서, 1952년 미국의 제34대 대통령 선거 때 아이젠하워의 승리를 예측함으로써 컴퓨터에 대한 일반인의 관심을 증폭시키기도 했다.

대형 컴퓨터(mainframe)와 소형 컴퓨터(minicomputer)는 동일한 기술적 토대를 가지고 있지만 양자가 발전하는 과정은 매우 달랐다. 군사용, 우주개발, 연구용으로 사용되는 대형 컴퓨터의 경우에는 정부, 군대, 대자본, 연구소, 대학 등이 중요한 행위자로 작용했다. 반면 소형 컴퓨터의 발전에는 개인적인 취미를 추구하는 컴퓨터 열광주의자들이 뚜렷한 흔적을 남겼다. 애플 컴퓨터를 개발한 잡스(Steven P. Jobs, 1955~ )와 워즈니악(Stephen Wozniak, 1950~ )은 그 대표적인 예다. 열광주의자들은 좋은 컴퓨터를 가지고 싶다는 소박한 꿈을 가지고 있었고 그 꿈을 실현하기 위해 대학을 중도에 포기하기도 했다. 그들은 컴퓨터를 만드는 데 필요한 부품을 대부분 자체적으로 조달했으며 그들과 손을 잡은 자본도 대자본이 아니라 모험 자본이었다.

컴퓨터는 진공관을 주요 소자로 하는 제1세대를 거쳐 트랜지스터(transistor)에 의한 제2세대와 집적회로(integrated circuits, IC)를 사용한 제3세대로 발전했으며, 판단 능력 및 적응 능력의 확보를 통해 성능이 대폭적으로 향상됐다. 수많은 기업이 흥망성쇠를 거듭하는 가운데 1950년대부터 최근에 이르기까지 컴퓨터 업계의 선두 자리를 차지한 기업은 IBM(International Business Machines) 사였다. IBM은 전쟁 기간 중 많은 군수물자를 공급하면서 컴퓨터의 설계와 생산에 대한 기술적 경험을 축적했고 1970년대까지의 중대형 컴퓨터는 물론 1980년대의 개인용 컴퓨터(personal computer, PC) 시장도 석권했다. 특히 IBM은 1981년에 PC 시장에 진입하면서 설계 및 운영체제를 공개했고 이에 따라 IBM 호환용 PC는

'올해의 인물'로 컴퓨터를 선정한 〈타임〉 1983년 1월 3일자의 표지.

컴퓨터 산업계에서 '사실상의 표준(de facto standards)'으로 자리잡았다. 당시에 MS-DOS라는 운영체계를 제공했던 마이크로소프트(Microsoft) 사는 1987년에 '윈도'라는 운영체제를 출시한 후 1990년대 중반부터 소프트웨어 분야에서 세계적인 기업으로 성장했다.

컴퓨터의 발전과 동고동락을 같이한 기술은 '마법의 돌'로 불리는 반도체였다. 1946년에 AT&T의 벨 연구소는 통신 시스템의 부품으로 사용될 수 있는 신소재의 중요성을 인식하면서 반도체연구팀을 신설했고, 그 팀에 속한 바딘(John Bardeen, 1908~1991), 브래튼(Walter H. Brattain, 1908~1987), 쇼클리(William B. Shockley, 1910~1989)는 제2차 세계대전 중에 사용됐던 레이더 검파기의 성능을 개량하는 과정에서 1947년에 트랜지스터를 개발했다. 미국 국방부는 트랜지스터의 중요성을 재빨리 간파하면서 AT&T의 트랜지스터 상용화를 적극적으로 지원했으며

AT&T가 생산한 트랜지스터의 절반가량을 구입했다.

1950년대부터는 수많은 과학기술자들이 실리콘밸리(Silicon Valley)에 몰려들어 반도체 개발에 인생을 걸기 시작했다. 그들이 시도한 최초의 작업은 IC의 개발로서 1958년에 텍사스 인스트루먼트(Texas Instruments) 사의 킬비(Jack Kilby, 1923~ )와 페어차일드(Fairchild) 사의 노이스(Robert Noyce, 1927~1990)가 거의 동시에 IC 개발에 성공했다. 1960년대부터 반도체 산업은 본격적인 성장 궤도에 진입했으며, 그 용도는 군수용 장비를 비롯해 통신 장비와 산업용 기기 등으로 확대됐다. IC는 이후에 집적도가 더욱 높아지면서 LSI(Large Scale Integration), VLSI(Very Large Scale Integration), ULSI(Ultra Large Scale Integration) 등으로 발전했다.

## 정보 기술의 출현

오늘날의 기술 패러다임을 주도하고 있는 기술로는 정보 기술(information technology, IT)과 생명공학 기술(biotechnology, BT)을 들 수 있다. 정보 기술 혹은 정보통신 기술(information and communication technology, ICT)은 제2차 세계대전 이후에 발전한 컴퓨터 기술과 20세기를 통해 꾸준히 성장해 온 통신 기술이 결합됨으로써 탄생했다. 컴퓨터와 통신이 결합되면서 처음으로 나타난 것은 모뎀(Modem: modulation and demodulation)이었다. 모뎀은 미국 국방부가 방공망 시스템을 구축하기 위해 1950년부터 MIT

와 함께 추진한 SAGE(Semi-Automatic Ground Environment) 계획을 통해 개발됐다. 모뎀은 컴퓨터에서 사용하는 디지털 데이터를 전화선이 활용할 수 있는 아날로그 신호로 바꿈으로써 이미 광범위하게 설치돼 있는 전화선을 통해 컴퓨터 통신을 가능하게 하는 장치다. 모뎀은 1958년부터 민간에서도 사용되기 시작했으나, 장거리 전화 요금이 비싸다는 점과 중앙 집중적인 연결 방식을 취하고 있다는 점이 문제점으로 지적됐다.

컴퓨터 통신망의 새로운 지평을 열어준 것은 인터넷이었다. 인터넷은 1960년대 미국 국방부의 ARPA(Advanced Research Projects Agency)에서 연구하기 시작한 아르파넷(ARPAnet)에서 유래됐다. 아르파넷은 분배 네트워크 토폴로지와 패킷 스위칭 기술이라는 두 가지 새로운 개념에 입각해 설계됐다. 전자(前者)는 하나의 컴퓨터가 다른 컴퓨터와 적어도 두 가지 이상의 경로를 통해 접속될 수 있다는 것을 의미하며, 후자(後者)는 한 메시지를 여러 개의 조각, 즉 패킷으로 분할할 수 있다는 것을 뜻한다. 1964년에 랜드(Rand) 사의 바란(Paul Baran)에 의해 제안된 이러한 개념은, 소련의 핵 공격에도 생존할 수 있는 통신 시스템을 설계해 달라는 미 공군의 요청에 대한 대답이었다. 분배 네트워크를 사용하면 특정한 데이터를 전송하는 한 경로가 적의 공격에 의해 파괴된다 할지라도 여분의 경로를 통해 전달될 수 있으며, 패킷 스위칭을 사용하면 데이터가 패킷으로 분할돼 전송되기 때문에 적의 공격에 의해 데이터가 손상된 경우에도 전체 데이터가 아닌 해당 부분만 보내면 된다. 아

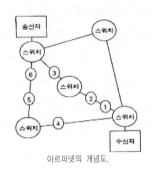
아르파넷의 개념도.

르파넷은 1972년에 시험되면서 선풍적인 인기를 끌었고, 몇몇의 지역적인 네트워크가 아르파넷에 접속되면서 네트워크 사이의 결합을 의미하는 '인터'넷으로 변모했다.

인터넷의 발전에서 중요한 계기가 됐던 사건은 전자우편의 등장과 표준 프로토콜의 채택이었다. 인터넷은 1970년대부터 전자우편이 확산되면서 군사용 목적을 넘어서 민간 사이의 저렴한 데이터 전송과 인터넷 채팅의 기초로 작용하고 있다. 또한 1983년에 아르파넷은 TCP/IP(Transmission Control Protocol/ Internet Protocol)라는 새로운 표준 프로토콜을 채택하면서 다른 지역 네트워크도 동일한 프로토콜을 사용할 것을 주장했고, 그것이 점차 수용되면서 인터넷은 TCP/IP를 통해 서로 연결된 네트워크를 의미하게 됐다. 1989년에는 유럽 입자물리 연구소(European Organization for Nuclear Research, CERN)의 버너스-리 (Tim Berners-Lee)가 인터넷에서 데이터를 공유하는 HTTP라는 프로토콜과 HTML이라는 컴퓨터 언어를 만들었으며, 그것은 우리가 요즘에 사용하는 방식인 월드와이드웹(World Wide Web, WWW)으로 이어졌다.

학술 연구자들의 정보 교환용으로 국한돼 있었던 인터넷이 일반 사람들의 필수품으로 정착하기 시작한 것은 1994년을 전후해 발생한 일이었다. 1993년에 일리노이 대학의 학생이었던 안드리센(Marc Andressen)은 HTML 문서를 쉽게 볼 수 있는 모자이크(Mosaic)란 웹브라우저 프로그램을 제작했고, 그것이 1994년에 넷스케이프(Netscape)로 탈바꿈하면서 수많은 사람들을 인터넷으로 유인하게 됐다. 넷스케이프를 사용하면 누구나 손쉽게 몇 번의 클릭만으로 전 세계의 웹사이트를 돌아다닐 수 있었다. '정보의 바다를 항해한다'는 말을 쓰게 된 것은 바로 넷스케이프의 로고가 항해사의 키였기 때문이었다. 이 무렵에 미국 백악관은 홈페이지를 만들었고, 빌 게이츠(Bill Gates)는 마이크로소프트를 인터넷 중심으로 변모시킨다고 공언했다. 그 후 인터넷은 빠른 속도로 확산됐고 인터넷에서 얻을 수 있는 정보의 양도 급속히 증가했다. 인터넷에 연결된 컴퓨터의 수는 1990년에 약 30만 대에 불과했던 것이 2000년에는 1억 대를 넘어섰다.

인터넷이 폭발적으로 성장하면서 월드와이드웹을 항해하는 데 필요한 웹브라우저를 놓고 치열한 경쟁이 전개됐다. 1995년만 해도 넷스케이프가 웹브라우저 시장의 70퍼센트 이상을 점유하는 등 절대적인 우위를 지키고 있었다. 그러나 마이크로소프트의 추격도 만만치 않았다. 마이크로소프트는 매년 1억 달러 정도의 연구비를 쏟아부었으며, 인터넷 익스플로러(Internet Explorer) 4.0이 나온 1998년에는 넷스케이프와 기술적으로 동등한 수준에 도달했다. 익스플로러는 같은 해에 출시된 윈도98에서 컴퓨터 운영체제의 일부로 포함돼 제공됐기 때문에 사용자들의 접근성도 훨씬 높았다. 넷스케이프와 익스플로러 사이의 '브라우저 전쟁'은 마이크로소프트가 운영체제의 독점력을 남용했는지의 여부를 놓고 미국 법무부와 마이크로소프트 사이의 법정 소송으로 비화되기도 했다.

인터넷의 확산을 매개로 새로운 유형의 사회적 문제도 전면적으로 부각됐다. 스팸 메일로 다른 사람을 괴롭히는 것은 물론 컴퓨터 바이러스로 인해 인터넷 대란도 발생하고 있다. 쿠키 파일로 다른 사람의 정보를 수집해 이를 악용함으로써 프라이버시를 침해하는 것도 빈번한 일이 됐다. 음악 파일을 공유하는 프로그램인 냅스터(Napster) 사건에서 드러나듯이, 인터넷상의 지적재산권 분쟁도 뜨겁다. 인터넷을 지나치게 사용해 중독의 증세를 보이는 사람도 있고, 현실 세계와 사이버 세계 사이에서 자기 정체성에 혼란을 겪는 사람도 있다. 인터넷 공간에 음란물이 얼마나 많은지 어떤 사람은 인터넷의 활용 대상이 '군사에서 섹스로(from military to sex)' 바뀌었다고 지적하기도 한다. 정보에 접근하는 기회에 격차가 발생하고 정보통신 기술을 감시의 도구로 활용하는 것은 민주주의를 위협하는 요소로 부상하고 있다.

## 생명공학 기술의 기원

생명공학 기술은 생명체의 형질, 기능, 형태 등을 결정하는 유전자를 인공적으로 조작해 생명체를 개조하거나 새로 만들 수 있는 기술을 뜻한다. 생명공학 기술의 기원은 잡종 옥수수를 비롯한 농작물이나 인슐린 및 페니실린과 같은 의약품 등에서 찾을 수 있지만, 오늘날과 같은 새로운 의미의 생명공학 기술은 1973년에 스탠포드 대학의 코헨(Stanley N. Cohen)과 보이어(Herbert W. Boyer)가 DNA 재조합 실험에 성공함으로써 가시화되기 시작됐다. DNA 재조합 기술은 종전의 교잡에 의한 형질 변환에 비해 여러 세대를 거칠 필요가 없고 교잡의 범위에 제한이 없다는 특징을 가지고 있다. DNA 재조합 기술이 개발되자 많은 사람들은 식량 증산, 질병 치료, 폐기물 처리 등의 영역에서 새로운 경제 활동이 출현할 것으로 예상했고, 몇몇 사람들은 인류가 '바이오사회(biosociety)'라는 새로운 단계에 접어들 것이라고 예언하기도 했다.

그러나 문제는 DNA 재조합 기술이 유발할 수 있는 결과를 누구도 확실히 알 수 없다는 점이었다. 유전자 재조합으로 나타날 잡종 바이러스가 새로운 암이나 유행병을 유발할지 누가 알겠는가? 이에 대해 분자생물학자인 버그(Paul Berg)는 1974년에 가능한 위험이 정확히 밝혀질 때까지 실험의 일부를 일시적으로 중지하자는 선언을 제안했는데, 이러한 유예 조처(moratorium)는 과학기술의 역사에서 찾아보기 어려운 사건이었다. 1975년에는 미국의 아실로마에서 학술회의가 열려 DNA 재조합의 위험성을 최소화하기 위한 구체적인 방안이 논의됐고, 1976년에는 미국과 영국에서 유전자 재조합에 관한 자문 위원회가 만들어져 전문가와 일반인의 토론을 바탕으로 유전자 재조합 연구에 대한 지침이 마련되기도 했다.

1970년대 중반 이후에는 많은 과학기술자들이 유전자 재조합을 매개로 산업 활동에 진출했으며 제넨텍(Genentech), 바이오젠(Biogen), 칼진(Calgene) 등과 같은 기업들이 등장했다. 기술적인 차원에서는 1977년에 DNA 염기서열 분석(DNA Sequencing) 기술이 등장했고, 1984년에는 중합 효소 연쇄반응(Polymerase Chain Reaction, PCR)을 통해 유전자의 수를 한없이 증폭시킬 수 있게 됐다. 이와 함께 1980년에는 미국 특허청이 GE의 차크라바티(Ananda Chakrabarty)가 DNA 재조합을 통해 만들어 낸 기름 먹는 박테리아에 대한 특허를 허용하기도 했다. 그러나 초창기의 생명공학 기술은 연구 개발의 차원에서는 많은 시도가 있었지만 본격적인 상업화로 연결되지는 못했다.

생명공학 기술에 대한 연구는 인간의 DNA에 들어있는 모든 유전 정보를 해독해 데이터베이스로 만드는 인간 유전체 계획(Human Genome Project, HGP)이 시작됨으로써 더욱 본격화됐다. 인간 유전체 계획은 1990년 10월부터 시작돼 15년 동안 진행될 예정이었지만 1997년에 셀레라 지노믹스(Celera Genomics) 사가 '샷건(shotgun)'으로 불리는 혁신적인 염기서열 분석 기술을 사용함으로써 2001년 2월에 완료될 수 있었다. 인간 유전체 계획에는 3만여 명의 과학기술자들이 동원됐으며, 30억 달러라는 천문학적인 연구비가 투여됐다. 그러나 인간 유전체 계획의 결과는 초기의 예상과 달리 인간의 유전자 수가 초파리의 두 배에 불과한 3만 개 정도인 것으로 밝혀졌다.

생명공학 기술의 가능성이 현실화되기 시작한 것은 최근의 일이다. 1994년에 칼진이 최초의 유전자 변형 식품인 무르지 않는 토마토를 시판하기 시작했고, 1996년에는 몬산토(Monsanto) 사가 제초제 저항성 콩을, 노바티스(Novatis) 사는 병충해 저항성 옥수수를 시장에 출하했다. 급기야 1997년에는 체세포 핵이식(Somatic Cell Nuclear Transfer, SCNT) 기술을 활용한 복제양 돌리가 출현함으로써 세계의 이목을 집중시켰다. 돌리 사건 이후에 세계 각국에서는 다른 동물을 복제하는 실험에 성공했다는 보고가 잇따르고 있어서 동물 복제를 상업화하는 것은 물론 인간 복제가 현실화되는 것도 멀지 않았다는 점을 암시하고 있다.

생명공학 기술의 경우에도 정보 기술과 마찬가지로 낙관적 전망과 비판적 견해가 공존하고 있다. 생명공학 기술에 대한 찬성론자들은 질병 치료제의 개발 및 유전자 치료법을 통한 질병의 극복, 식량의 증산이나 식품 가치의 향상을 통한 농업의 발전, 농약 사용의 감소 및 폐기물 처리를 통한 환경문제의 해결 등을 거론하고 있다. 이에 반해 비판론자들은 면역 체계의 교란 및 항생제 내성의 강화를 통한 건강 위협, 생물학적 다양성 소멸로 인한 생태계의

복제양 돌리의 모습. 복제양 돌리는 276번의 실패를 거친 후에야 탄생할 수 있었고, 2003년 2월에 6년 7개월의 생을 마감했다.

안정성 파괴, 선진국의 제3세계 생물자원 강탈, 생명 복제에 의한 가치관의 혼란, 유전 정보의 남용으로 인한 사회적 불평등의 심화 등과 같은 생명공학 기술의 역기능에 주목하고 있다.

# 참고문헌

김덕영, 『기술의 역사: 사회학적 접근』, 한경사, 2005.

김도연, 『우리시대 기술혁명: 현대를 디자인한 20가지 대표기술』, 생각의 나무, 2004.

김명자, 『현대사회와 과학』, 동아출판사, 1992.

김영식·임경순, 『과학사신론(제2판)』, 다산출판사, 2007.

김종현, 『영국 산업혁명의 재조명』, 서울대 출판부, 2006.

네이선 로젠버그(Nathan Rosenberg), 이근 외 옮김, 『인사이드 더 블랙박스: 기술혁신과 경제적 분석』, 아카넷, 2001.

론도 캐머런(Rondo Cameron)·래리 닐(Larry Neal), 이헌대 옮김, 『간결한 세계경제사(제4판)』, 법문사, 2003.

루스 코완(Ruth S. Cowan), 김성희 외 옮김, 『과학기술과 가사노동(More Work for Mother)』, 학지사, 1997.

류창열, 『에피소드로 보는 발명의 역사』, 성안당, 2000.

리차드 로즈(Richard Rhodes), 문신행 옮김, 『원자폭탄 만들기(총2권)』, 사이언스북스, 2003.

린 화이트 주니어(Lynn White, Jr.), 강일휴 옮김, 『중세의 기술과 사회변화』, 지식의 풍경, 2005.

볼프강 쉬벨부쉬(Wolfgang Schivelbusch), 박진희 옮김, 『철도여행의 역사: 철도는 시간과 공간을 어떻게 변화시켰는가』, 궁리, 1997.

배영수 엮음, 『서양사강의(개정판)』, 한울아카데미, 2000.

송성수, 『기술의 프로메테우스: 인물로 보는 기술의 역사』, 신원문화사, 2005.

송성수 엮음, 『우리에게 기술이란 무엇인가: 기술론 입문』, 녹두, 1995.

송성수 엮음, 『과학기술은 사회적으로 어떻게 구성되는가』, 새물결, 1999.

어니스트 볼크만(Ernest Volkman), 석기용 옮김,『전쟁과 과학, 그 야합의 역사』, 이마고, 2003.

엘머 루이스(Elmer E. Lewis), 김은영 옮김,『테크놀로지의 걸작들』, 생각의 나무, 2006.

오진곤,『과학사총설』, 전파과학사, 1996.

요네쿠라 세이이치로(米倉誠一郎), 양기호 옮김,『경영혁명: 제임스 와트에서 빌 게이츠까지』, 소화, 2002.

유진 퍼거슨(Eugene S. Ferguson), 박광덕 옮김,『인간을 생각하는 엔지니어링』, 한울, 1998.

이인식 외,『세계를 바꾼 20가지 공학기술』, 생각의 나무, 2004.

이장규·홍성욱,『공학기술과 사회』, 지호, 2006.

제임스 매클렐란(James E. McClellan)·해럴드 도른(Harold Dorn), 전대호 옮김,『과학과 기술로 본 세계사 강의』, 모티브, 2006.

조지 브라운(George I. Brown), 이충호 옮김,『발명의 역사』, 세종서적, 2000.

조지 바살라(George Bassalla), 김동광 옮김,『기술의 진화』, 까치, 1996.

토머스 휴즈(Thomas P. Hughes), 김정미 옮김,『테크놀로지, 창조와 욕망의 역사』, 플래닛 미디어, 2008.

프리드리히 클렘(Friedrich Klemm), 이필렬 옮김,『기술의 역사』, 미래사, 1992.

한국공학교육학회,『공학기술과 인간사회: 공학소양 종합교재』, 지호, 2005.

홍성욱,『생산력과 문화로서의 과학기술』, 문학과 지성사, 1999.


Bunch, Bryan and Alexander Hellemans, *The Timetables of Technology*, Simon & Schuster, 1993.

Carlson, W. Bernard, ed., *Technology in World History, 7 vols.*, Oxford University Press, 2005.

Chandler, Alfred D., Jr., *The Visible Hand: The Managerial Revolution in American Business,* Cambridge, Mass.: The Belknap Pr. of Harvard Univ. Pr., 1977.

Cowan, Ruth S., *A Social History of American Technology*, Oxford University Press, 1997.

Day, Lance and Ian McNeil, eds., *Biographical Dictionary of the History of Technology*, Routledge, 1996.

Hounshell, David A., *From the American System to Mass Production, 1800~1932: The Development of Manufacturing Technology in the United States*, Johns Hopkins University Press, 1984.

Hughes, Thomas P., *Networks of Power: Electrification in Western Society, 1880~1930*, Johns Hopkins University Press, 1983.

Kranzberg, Melvin, "Technology and History: Kranzberg's Law", *Technology and Culture 27*, 1986, pp.544~560.

Kranzberg, Melvin and Carroll W. Pursell, eds., *Technology in Western Civilization, 2 vols.*, Oxford University Press, 1967.

Landes, David S., *The Unbound Prometheus: Technological Change and Industrial Development in Western Europe from 1750 to the Present*, Cambridge University Press, 1969.

McNeil, Ian, ed., *An Encyclopaedia of the History of Technology*, Routledge, 1990.

Misa, Thomas J., *Leonardo to the Internet: Technology and Culture from the Renaissance to the Present,* Johns Hopkins University Press, 2004.

Singer, Charles, E.J. Holmyard, A.R. Hall, and Trevor I. Williams, eds., *History of Technology, 5 vols.*, Clarendon Press, 1954~1958.

Staudenmaier, John M., "Recent Trends in the History of Technology", *American Historical Review 95*, 1990, pp.715~725.

Staudenmaier, John M., "Rationality, Agency, Contingency: Recent Trends in the History of Technology", *Reviews in American History 30*, 2002, pp.168~181.

Williams, Trevor I., ed., *History of Technology, vol. 6/7.*, Clarendon Press, 1978.

김명진의 STS 홈페이지(http://walker71.com.ne.kr/)

**기술의 역사** 뗀석기에서 유전자 재조합까지

| | |
|---|---|
| 펴낸날 | 초판 1쇄 2009년 2월 25일 |
| | 초판 6쇄 2018년 10월 12일 |

| | |
|---|---|
| 지은이 | 송성수 |
| 펴낸이 | 심만수 |
| 펴낸곳 | (주)살림출판사 |
| 출판등록 | 1989년 11월 1일 제9-210호 |

| | |
|---|---|
| 주소 | 경기도 파주시 광인사길 30 |
| 전화 | 031-955-1350  팩스 031-624-1356 |
| 홈페이지 | http://www.sallimbooks.com |
| 이메일 | book@sallimbooks.com |

| | |
|---|---|
| ISBN | 978-89-522-1093-7  04080 |
| | 978-89-522-0096-9  04080(세트) |

## 089 커피 이야기　　eBook

김성윤(조선일보 기자)

커피는 일상을 영위하는 데 꼭 필요한 현대인의 생필품이 되어 버렸다. 중독성 있는 향, 마실수록 감미로운 쓴맛, 각성효과, 마음의 평화까지 제공하는 커피. 이 책에서 저자는 커피의 발견에 얽힌 이야기를 통해 그 기원을 설명한다. 커피의 문화사뿐만 아니라 커피에 대한 일반적인 정보 및 오해에 대해서도 쉽고 재미있게 소개한다.

## 021 색채의 상징, 색채의 심리

박영수(테마역사문화연구원 원장)

색채의 상징을 과학적으로 설명한 책. 색채의 이면에 숨어 있는 과학적 원리를 깨우쳐 주고 색채가 인간의 심리에 어떤 작용을 하는지를 여러 가지 분야의 사례를 통해 설명한다. 저자는 색에는 나름대로의 독특한 상징이 숨어 있으며, 성격에 따라 선호하는 색채도 다르다고 말한다.

## 001 미국의 좌파와 우파　　eBook

이주영(건국대 사학과 명예교수)

진보와 보수 세력의 변천사를 통해 미국의 정치와 사회 그리고 문화가 어떻게 형성되고 변해왔는지를 추적한 책. 건국 초기의 자유방임주의가 경제위기의 상황에서 진보-좌파 세력의 득세로 이어진 과정, 민주당과 공화당의 대립과 갈등, '제2의 미국혁명'으로 일컬어지는 극우파의 성장 배경 등이 자연스럽게 서술된다.

## 002 미국의 정체성 10가지 코드로 미국을 말하다　　eBook

김형인(한국외대 연구교수)

개인주의, 자유의 예찬, 평등주의, 법치주의, 다문화주의, 청교도 정신, 개척 정신, 실용주의, 과학·기술에 대한 신뢰, 미래지향성과 직설적 표현 등 10가지 코드를 통해 미국인의 정체성과 신념을 추적한 책. 미국인의 가치관과 정신이 어떠한 과정을 통해서 형성되고 변천되어 왔는지를 보여 준다.

## 058 중국의 문화코드

강진석(한국외대 연구교수)

중국의 핵심적인 문화코드를 통해 중국인의 과거와 현재, 문명의 형성 배경과 다양한 문화 양상을 조명한 책. 이 책은 중국인의 대표적인 기질이 어떠한 역사적 맥락에서 형성되었는지 주목한다. 또한, 구체적이고 실제적인 여러 사물과 사례를 중심으로 중국인의 사유방식에 대해 설명해 주고 있다.

## 057 중국의 정체성    eBook

강준영(한국외대 중국어과 교수)

중국, 중국인을 우리는 과연 어떻게 이해해야 하나? 우리 겨레의 역사와 직·간접적으로 끊임없이 영향을 주고받은 중국, 그러면서도 아직까지 그들의 속내를 자신 있게 말할 수 없는, 한편으로는 신비스럽고, 한편으로는 종잡을 수 없는 중국인에 대한 정체성을 명쾌하게 정리한 책.

## 015 오리엔탈리즘의 역사    eBook

정진농(부산대 영문과 교수)

동양인에 대한 서양인의 오만한 사고와 의식에 준엄한 항의를 했던 에드워드 사이드의 오리엔탈리즘. 이 책은 에드워드 사이드의 이론 해설에 머무르지 않고 진정한 오리엔탈리즘의 출발점과 그 과정, 그리고 현재와 미래의 조망까지 아우른다. 또한 오리엔탈리즘이 사이드가 발굴해 낸 새로운 개념이 결코 아님을 역설한다.

## 186 일본의 정체성    eBook

김필동(세명대 일어일문학과 교수)

일본인의 의식세계와 오늘의 일본을 만든 정신과 문화 등을 소개한 책. 일본인을 지배하는 이데올로기는 무엇이고 어떤 특징을 가지는지, 일본을 주목해야 하는 이유는 무엇인지 등이 서술된다. 일본인 행동양식의 특징과 토착적인 사상, 일본사회의 문화적 전통의 실체에 대한 분석을 통해 일본의 정체성을 체계적으로 살펴보고 있다.

## 261 노블레스 오블리주 세상을 비추는 기부의 역사

**예종석(한양대 경영학과 교수)**

프랑스어로 '높은 사회적 신분에 상응하는 도덕적 의무'를 뜻하는 노블레스 오블리주. 고대 그리스부터 현대까지 이어지고 있는 노블레스 오블리주의 역사 및 미국과 우리나라의 기부 문화를 살펴보고, 새로운 시대정신으로 노블레스 오블리주를 부활시킬 수 있는 가능성을 모색해 본다.

## 396 치명적인 금융위기, 왜 유독 대한민국인가 eBook

**오형규(한국경제신문 논설위원)**

이 책은 전 세계적인 금융 리스크의 증가 현상을 살펴보는 동시에 유달리 위기에 취약한 대한민국 경제의 문제를 진단한다. 금융안정망 구축 방안과 같은 실용적인 경제정책에서부터 개개인이 기억해야 할 대비법까지 제시해 주는 이 책을 통해 현대사회의 뉴노멀이 되어 버린 금융위기에서 살아남는 방법을 확인해 보자.

## 400 불안사회 대한민국, 복지가 해답인가 eBook

**신광영 (중앙대 사회학과 교수)**

대한민국 사회의 미래를 위해서 복지는 선택이 아니라 필수라고 말하는 책. 이를 위해 경제 위기, 사회해체, 저출산 고령화, 공동체 붕괴 등 불안사회 대한민국이 안고 있는 수많은 리스크를 진단한다. 저자는 사회적 위험에 대응하기 위한 복지 제도야말로 국민 모두의 삶의 질을 높일 수 있는 길이라는 것을 역설한다.

## 380 기후변화 이야기 eBook

**이유진(녹색연합 기후에너지 정책위원)**

이 책은 기후변화라는 위기의 시대를 살면서 우리가 알아야 할 기본지식을 소개한다. 저자는 기후변화와 관련된 핵심 쟁점들을 모두 정리하는 동시에 우리가 행동해야 할 실천적인 대안을 제시한다. 이를 통해 독자들은 기후변화 시대를 사는 우리가 무엇을 해야 할 것인지에 대하여 생각해 볼 수 있을 것이다.

eBook 표시가 되어있는 도서는 전자책으로 구매가 가능합니다.

(주)살림출판사
www.sallimbooks.com
주소 경기도 파주시 문발동 522-1 | 전화 031-955-1350 | 팩스 031-955-1355